Der Schüler als Kunde oder der Lehrer singt im Käfig

Der Schüler als Kunde oder der Lehrer singt im Käfig

Eine Fachbuch, ein Sachbuch und eine Satire

Ist das deutsche Schulsystem mit Bildungsreformen überhaupt noch zu retten oder sollte man nicht besser alle auf Lebenszeit verbeamteten Lehrer in die raue Wirklichkeit entlassen und endlich echte Fachleute mit der Unterrichtung des Nachwuchses betreuen?

Diese Frage dürfte wohl jeden umtreiben, der schulpflichtige Kinder hat oder dem der Bildungsstandort Deutschland am Herzen liegt.

Die Autorin glaubt fest an die Möglichkeit der Rettung, allerdings anders, als sich das so mancher Bildungsreformer vorstellen dürfte.

Eingebettet in eine fiktionale Rahmenhandlung werden ungewöhnliche Ideen entwickelt, die vielleicht in der ein oder anderen Weise Einzug in den Schulalltag finden könnten.

Herstellung und Verlag:
Books on Demand GmbH, Norderstedt
ISBN: 978-3-8370-8318-7

Der Schüler als Kunde oder der Lehrer singt im Käfig

Der ultimative Plan zur Rettung des deutschen Bildungssystems

von Kara T.

1.

"Nur wenn der Schüler zukünftig als Kunde und die Schule als Ort der Dienstleistung betrachtet wird, ist das staatliche Schulsystem noch zu retten." Mit diesen klaren Worten hatten die Experten eines der führenden Beratungsinstitute der Bundesrepublik Deutschland, das auch international agierte, ihre Expertise zur aktuellen Lage des Bildungsstandortes Deutschland beendet. Die Kultusminister der Länder lächelten zufrieden. Endlich schien eine Lösung für die immer weiter um sich greifende Schulverdrossenheit gefunden. Die Schule als Dienstleistungsbetrieb für Bildung, die Schüler als Kunden und die Lehrer als Verkäufer des Wissens, diese wichtigen Eckpunkte sollten eine Trendwende einleiten. Schule und Unterricht müssten endlich den Bedürfnissen der Schüler angepasst werden, um das Gleichgewicht zwischen Angebot und Nachfrage wieder herzustellen. Denn im Moment, so das überzeugend vorgetragene Argument der Berater, gab es ein ziemliches Ungleichgewicht zwischen Angebot und Nachfrage. Während das schulische Angebot in den letzten Jahren relativ konstant geblieben war, auch wenn sich so langsam aber sicher ein Lehrermangel in bestimmten Fächern abzeichnete, war die Nachfrage nach schulischer Bildung bei den Schülern immer weiter gesunken. Mittlerweile hatte die Zahl der chronischen Schulschwänzer eine beängstigende Höhe erreicht und parallel dazu auch die Zahl der Schulversager, die die Schule ohne jeglichen Abschluss verließen. Ein Umdenkungsprozess, ein grundlegender Paradigmenwechsel musste in Gang gesetzt werden. Dann würde hoffentlich ein Ruck durch die staatlichen Schulen gehen und ihr schlechtes

Image als Bildungswüsten für finanziell Benachteiligte bald der Vergangenheit angehören. Deshalb galt es jetzt, schnellstmöglich mit der Umsetzung der Idee vom Schüler als Kunden zu beginnen und ein entsprechendes Konzept vorzulegen. Und so geschah es. In Windeseile entwarfen die Beratungsexperten ein vorläufiges Konzept, das die Rahmenbedingungen festlegte und erste Arbeitsschritte vorgab. Die weitere Vorgehensweise würde von ihnen kritisch begleitet werden. Ein Entwicklungsstab war bereits für die Bewältigung der nächsten Schritte zusammengestellt worden und hatte seine Arbeit aufgenommen.

<u>2.</u>

Der Schüler war in diesem Grobkonzept Kunde in doppelter Hinsicht. Auf der einen Seite war er Kunde des Dienstleistungsanbieters Schule, dem er die Ware Bildung hoch motiviert und mit Begeisterung abnehmen sollte. Das würde allerdings, da waren sich die Berater einig, voraussetzen, dass sich neben den Schulgebäuden auch die Lehrer veränderten. Sie müssten, um in der Terminologie des Verkaufs zu bleiben, Topseller für Bildung werden. Aber dazu später. Auf der anderen Seite war der Schüler Kunde der Unternehmen, die ab sofort für ihre Produkte an den Schulen werben durften. Denn auch das gehörte zum neuen Konzept vom Schüler als Kunden und sollte viel Geld in die gebeutelten öffentlichen Kassen bringen.

Erste Werbeplakate waren bereits an den Schulen aufgetaucht. Sie bewarben unter anderem das neue gesunde Essen bekannter Fastfoodketten, außerdem süße, braune, koffeinhaltige Getränke und den ein oder anderen Kräuterschnaps, denn die Unternehmen wussten genau, dass etliche Schüler in ihrer Freizeit gerne ein Gläschen tranken. Man überlegte noch, ob man auch Werbung für Gewaltvideospiele zulassen sollte, denn diese Unternehmen boten besonders viel Geld für Werbeflächen an. Aber man hatte auch Angst, dass sich wieder einmal ein Amoklauf ereignen und als Auslöser ein an der Schule beworbenes Videospiel genannt werden könnte. Und dieses Risiko wollte man nicht eingehen, auch wenn der Verlust der Werbeeinnahmen schmerzte. Doch auch so würde die Werbung den Schulen viel Geld einbringen, so viel war sicher. Es war geplant, wenn sich alles richtig eingespielt und sich der Bildungshaushalt dank Werbung konsolidiert hatte, die maroden Schulgebäude der Reihe nach zu sanieren und, falls nötig, auch abzureißen und neu zu bauen. Schließlich stammten bis zu dreißig

Prozent des Schulbestandes aus der Bauzeit zwischen 1860 bis 1920, was ja schon einiges über den Zustand der Schulgebäude aussagte. Die ZNBW, die Zentralstelle für Normungsfragen und Wirtschaftlichkeit im Bildungswesen, ein überregionaler Dienst der ständigen Konferenz der Kultusminister der Länder in der Bundesrepublik Deutschland, verantwortlich für die kostentransparente Modernisierung von Schulbauten, freute sich schon auf den Geldregen. Endlich konnte man mal aus dem Vollen schöpfen und musste nicht mehr jeden Euro zweimal umdrehen, während die Schuldächer über den Schülern nicht immer nur sprichwörtlich zusammenbrachen. Der Schüler würde sich im Schulgebäude endlich wieder wohl fühlen können. Denn dass erfolgreiches Lernen sehr viel mit einer gewissen Wohlfühlatmosphäre zu tun hatte, war zwar seit langem bekannt, aber bisher war ja für akzeptable Schulgebäude und ansprechendes Mobiliar kein Geld vorhanden gewesen. Aber da man den Schüler jetzt als Kunden sah, musste auch das Umfeld stimmen. Schließlich kauften Kunden ja lieber dort ein, wo sie ein entsprechendes Ambiente vorfanden, wenn sie denn über das entsprechende Kleingeld verfügten, versteht sich. Anderen blieben nur grell erleuchtete Billigmärkte, vergleichbar mit den bisherigen Hauptschulen, aber auch die sollten ja jetzt bald der Vergangenheit angehören.

Außerdem sollte mit dem Erlös aus den Werbeeinnahmen jede Schule mit modernster Informationstechnologie ausgestattet werden. Weitere Besonderheiten, wie ein kostenloses Mittagessen, kleine Klassen mit höchstens 12 Schülern und zahlreiche Freizeitangebote für diese würden hinzukommen, denn selbstverständlich sollten alle Schulen Ganztagsschulen werden. Bei diesen guten Absichten war es dann auch nicht weiter erstaunlich, dass mittlerweile sogar die Oppositionsparteien von der Richtigkeit dieses Paradigmenwechsels überzeugt waren. Selbst die

Linkspartei wollte erst mal einige Ergebnisse dieser neuen Entwicklung abwarten und hielt sich deshalb mit Kritik weitestgehend zurück. Natürlich hatte sie anfänglich gemault, als sie von der Werbung an den Schulen hörte, hatte klar gemacht, dass Bildung die vorrangige Aufgabe des Staates sei und gewarnt, dass der Kapitalismus auf dem besten Wege wäre, den Sieg über die Demokratie zu erringen. Aber recht schnell war die Kritik leiser geworden und einer gespannten Erwartung gewichen. Im Grunde genommen wusste jeder, dass es nach der PISA - Misere und all den unangenehmen Dingen, die täglich so an den Schulen passierten, nur noch aufwärts gehen konnte.

3.

Etwas bereitete den ausgewiesenen Experten des Beratungsunternehmens aber noch Sorge. Nämlich die Gewissheit, dass selbst ein noch so schönes und modernes Schulgebäude inklusive zukunftsweisender Technologie, zahlreicher Freizeitangebote und warmem Mittagessen nicht würde genügen können, um die Situation an den Schulen nachhaltig zu verbessern. Denn wie lautete doch gleich die alte Schulweisheit?

"Es singt der Vogel und nicht der Käfig."

Und wenn die Schule in dieser alten Weisheit den Käfig darstellte, so waren die Lehrerinnen und Lehrer darin die Vögel. Und diese hatten schön zu singen, damit auch alles so klappte, wie man sich das vorstellte. Vögel, die krächzten wie die Raben, würden nämlich den ganzen schönen Plan zunichte machen. Was also war zu tun? Nach längerer Überlegung hatte man eine Lösung parat: Man müsste aus den Lehrerinnen und Lehrern Vögel machen - im übertragenen Sinne, versteht sich -, die durch ihren Gesang zu überzeugen vermochten. Sie müssten so schön singen, dass selbst die chronischsten Schulschwänzer ganz wild auf ihren Gesang wären und diesen um keinen Preis der Welt missen wollten. Aber wie sollte das gehen? Wie würden die Lehrerinnen und Lehrer reagieren, wenn sie erführen, dass sie ab sofort Sängerinnen und Sänger im Käfig Schule sein sollten? Schließlich kann nicht jeder gut singen, nicht jeder hat eine schöne Stimme, trifft die Töne und hält den Rhythmus, wie man in manchen Unterhaltungsshows eindrucksvoll vor Augen geführt bekommt. Doch wenn der Paradigmenwechsel klappen sollte, war Singen ja jetzt eine Grundvoraussetzung für den Erfolg des Ganzen. Aber konnte man Singen lernen? War es möglich, aus einem Krächzer einen halbwegs guten Sänger zu machen? Wäre zumindest in Ansätzen zu erreichen, dass jemand die Töne trifft, ein Gefühl für den Rhythmus entwickelt?

Nicht zu vergessen die Klangfarbe, Dissonanzen, Intervalle und Harmonien. Man würde es versuchen müssen, denn man hatte keine andere Wahl. Eine Entlassung der Krächzer kam ja nicht in Frage, schließlich handelte es sich um Vögel auf Lebenszeit, so genannte verbeamtete Vögel, von den wenigen angestellten mal abgesehen. Aber deren Entlassung hätte den Kohl auch nicht fett gemacht, wie man so schön sagte. Alle Lehrer und Lehrerinnen müssten also Gesangsunterricht bekommen, um später im Käfig zu überzeugen. Darüber waren sich nun alle einig. Jetzt galt es, einen geeigneten Gesangslehrer zu finden.

4.

Der Gesangslehrer kam schließlich in Gestalt eines hoch bezahlten Verkaufstrainers daher, der seine Verkaufskünste dem bereits gebildeten sechzehnköpfigen Entwicklungsstab, bestehend aus Schulleiterinnen und Schulleitern und Dezernentinnen und Dezernenten der Schulaufsicht, nahe bringen sollte. Der Entwicklungsstab war deshalb sechzehnköpfig, weil jedes Bundesland darauf bestanden hatte, einen eigenen Vertreter zu schicken, denn schließlich wollte man über eine so revolutionäre Idee wie der vom Schüler als Kunden aus erster Hand und von einem eigenen Abgesandten unterrichtet werden.

Ganz geheuer war den Mitgliedern des Entwicklungsstabes die Idee vom Schüler als

Kunden allerdings nicht. Zwar hatten sie sich freiwillig gemeldet, stellten es sich aber schwierig vor, den Lehrerinnen und Lehrern zu vermitteln, dass Unterricht zukünftig als Ware gesehen würde. Noch schwieriger würde es wahrscheinlich werden, ihnen klar zu machen, dass sie in diesem Konzept die Verkäufer sein sollten. Und ein Schüler als Kunde? Wie sollte das gehen? Es würde zweifellos eine große Herausforderung für die gesamte Lehrerschaft werden.

Auch der Verkaufstrainer hatte so seine Zweifel, ob man aus Lehrern gute Verkäufer machen könnte, war aber fest entschlossen, die Mitglieder des Entwicklungsstabes auf Spur zu bringen und sie in die Geheimnisse der Kundenorientierung und des Verkaufs einzuführen.

5.

Die Lehrer zu Verkäufern des Wissens zu machen stellte Verkaufstrainer und Entwicklungsstab neben den erwähnten fachlichen Bedenken zusätzlich vor große logistische Herausforderungen. Auch wenn sich der sechzehnköpfige Entwicklungsstab erst im Experimentalstadium befand und vorläufig nur dazu gedacht war, erst einmal grundsätzlich zu überlegen, ob eine derartige Schulung für Lehrer und Lehrerinnen überhaupt in Frage kam, machten sich doch schon alle Gedanken darüber, wie eine bundesweite Schulung überhaupt vonstatten gehen könnte. Denn wie sollte man die vielen Lehrerinnen und Lehrer in den einzelnen Bundesländern so schnell auf ihre neue Rolle vorbereiten und entsprechend trainieren? Wäre das denn überhaupt möglich? Schon machten sich erste Zweifel breit, aber niemand aus dem Entwicklungsstab traute sich, das laut zu äußern, denn solche demotivierenden Äußerungen galten unter Fachleuten als Todsünde. Und deshalb hielt jeder seinen Mund. Ehrlich gesagt hatte auch der Verkaufstrainer so seine Zweifel, aber er wäre schön blöd gewesen, wenn er sie geäußert hätte, denn das hätte seine Arbeit unnötig erschwert und außerdem konnte es ihm egal sein, ob es klappte oder nicht, denn sein Honorar war im Voraus bezahlt worden und nicht erfolgsabhängig. Darauf achtete er stets, denn er konnte ja nach Abschluss seiner Seminare nicht kontrollieren, wer was von seinen Techniken umsetzte. Außerdem wusste er genau, dass bei einigen Leuten Hopfen und Malz verloren war und sie nie gute Verkäufer wurden. Und bei Lehrern war das sicher nicht anders. Aber der Verkaufstrainer hatte ja schließlich nicht die Personalauswahl getroffen. Fest stand jedenfalls, dass zuerst die Mitglieder des Entwicklungsstabes auf Spur gebracht und in die Geheimnisse der Kundenorientierung und des Verkaufs eingeführt werden mussten. Wenn sie anschließend entsprechende verkaufspsychologische Tricks und grundlegende Verkaufstechniken beherrschten, dann konnte man sozusagen in die Massenproduktion gehen. Es würden weitere Multiplikatoren ausgebildet, bis schließlich genügend schuleigene Trainer bereitstünden. Diese müssten dann so schnell wie möglich alle Lehrer und Lehrerinnen im Lande auf ihre neue Rolle als Verkäufer und Verkäuferinnen des Wissens einstimmen und trainieren. Das sollte als so genanntes „training on the job" passieren, das bedeutete, dass jeder Lehrerin und jedem Lehrer so lange ein Trainer während des Unterrichts zur Seite gestellt werden sollte, bis die Rolle als Verkäufer des Wissens von jedem vollständig verinnerlicht worden war.

Einige Skeptiker im Bunde fragten an, ob es denn nicht schneller ginge und auch sinnvoller wäre, alle Lehrerinnen und Lehrer vor Ort gleich von richtigen Verkaufstrainern schulen zu lassen, statt diesen Umweg zu wählen. Man könne sich ja auf bestimmte zu trainierende Techniken einigen, die von allen Verkaufstrainern beherrscht würden.

Dann würde es ebenfalls zu einem relativ einheitlichen Wissen kommen. Aber als ihnen die Honorare von Verkaufstrainern genannt wurden, war ihre Kritik schnell verstummt. Da waren Lehrer wirklich billiger. Und was hieß überhaupt sinnvoll? Man musste ja nicht immer alles kritisch hinterfragen. So sagten sie zu sich selbst und ab ging es in die wohlverdiente Kaffeepause.

<u>6.</u>

Nach der Kaffeepause kam der Verkaufstrainer endlich zur Sache und begann, dem Entwicklungsstab die Weisheiten des Verkaufs nahe zu bringen.

"Lassen Sie uns am Anfang über einen der wichtigsten Punkte im Verkauf sprechen", sagte er, "die Kundenorientierung. Ein guter Verkäufer orientiert sich nämlich immer an den Bedürfnissen seiner Kunden und sorgt so dafür, dass diese sich wohl fühlen. Denn nur ein Kunde, der sich wohl fühlt, wird auch etwas kaufen und, was fast noch wichtiger ist, nur ein Kunde, der sich wohl fühlt, kommt auch wieder und wird möglicherweise sogar zum Stammkunden." Die Mitglieder des Planungsstabes waren verblüfft. Es gehörte schon einiges dazu, eine Wahrheit so auf den Punkt zu bringen. Sie waren zutiefst beeindruckt und dachten gleichzeitig: "Und nur ein Schüler, der sich in der Schule wohl fühlt, kommt überhaupt erst in die Schule und wird möglicherweise sogar zum

Stammschüler." Schüler in die Schule zu bekommen stellte nämlich mittlerweile, wie eingangs schon erwähnt, ein immer größer werdendes Problem dar und wenn das so weiterginge, würden die Schulen eines Tages völlig leer stehen. Aber mit diesem Problem stand die Bundesrepublik nicht alleine da. Andere Länder waren wegen der stetig steigenden Zahl der Schulschwänzer längst dazu übergegangen einen 24 Stunden Service für Schüler einzuführen, analog zum 24 Stunden Einkauf. Dieser Service ermöglichte den Schülern den Schulbesuch rund um die Uhr und sie konnten ihm nachkommen, wann immer sie gerade Lust oder Zeit hatten. Doch so weit hatte die Kultusministerkonferenz mit ihrer Kundenorientierung nun doch nicht gehen wollen, auch weil sie befürchtete, dass es zu teuer werden könnte, denn wenn Lehrer in drei Schichten arbeiteten, hätten sie Anspruch auf eine Schichtzulage. Und da der Finanzminister bei Mehrausgaben absolut keinen Spaß verstand -

Einnahmen durch Werbung hin oder her - ‚wollten sie sich den Ärger mit diesem ersparen. Außerdem galten Lehrer in der Gesellschaft ohnehin schon als absolut überbezahlt und wenn jetzt noch eine Schichtzulage dazu käme, könnte das sehr leicht das Bild des Lehrers in der Öffentlichkeit weiter verschlechtern. Aber jetzt lag es ja klar auf der Hand, was zu tun war, um der ständig steigenden Zahl der Schulschwänzer Herr zu werden. Die Schüler mussten sich einfach wieder wohl fühlen an ihrer Schule. Und das konnte man erreichen, indem man sich an den Bedürfnissen der Schüler orientierte. Zufrieden lächelten die Mitglieder des Entwicklungsstabes vor sich hin.

“Wie aber schafft man es, dass ein Kunde sich wohl fühlt?”, unterbrach der Verkaufstrainer jetzt ihren schönen Gedankenfluss, “oder, in Ihrem Fall besser gefragt , wie schafft man es, dass ein Schüler sich an seiner Schule wohl fühlt?“

“Eine wirklich gute Frage”, dachten die Mitglieder des Entwicklungsstabes übereinstimmend.”

7.

"Wer könnte diese Frage besser beantworten als die Schüler selbst?" verblüffte der Verkaufstrainer die Mitglieder der Planungskommission.

"Auf so etwas muss man erst einmal kommen", dachten sie bewundernd. An alle Schulen erging deshalb kurze Zeit später die Order, in den Klassen Umfragen durchzuführen mit dem Ziel, die Bedürfnisse der Schüler zu erfragen. Welche Bedingungen müssten geschaffen werden, damit sich die Schüler an ihren Schulen so rundherum wohl fühlen konnten? Die Resonanz auf die Befragung war überwältigend und nur wenige Tage später lagen die Ergebnisse vor. Die häufigsten Vorschläge betrafen die Kürzung der Unterrichtszeit auf 30 Minuten. Außerdem sollten die Sommerferien in allen Bundesländern drei Monate dauern, so wie es in einigen Nachbarländern längst der Fall war. Denn, so argumentierten die Schüler völlig zutreffend, bei den unbestimmten Wetterverhältnissen in Deutschland würde so kein

Schüler mehr wettertechnisch benachteiligt werden. Ein weiterer Vorschlag betraf die Abschaffung der Noten "mangelhaft" und "ungenügend". Gerade durch diese Noten fühlten sich viele Schüler so unter Druck gesetzt, dass sie schließlich keinen anderen Ausweg mehr wüssten, als die Schule zu schwänzen. Sie wären diesem unerhörten Leistungsdruck einfach nicht gewachsen. Und ernsthaft könne ja niemand von ihnen verlangen, sich auch noch zu Hause mit diesem langweiligen Unterrichtsstoff   zu beschäftigen. In diesem Zusammenhang bat man dann auch gleich darum, die Hausaufgaben völlig abzuschaffen.

Auch der Wunsch, die Lehrer bewerten zu dürfen, wurde geäußert. Lehrer mit durchgängig schlechten Noten sollten aus dem Schuldienst entlassen werden. Die Benutzung von Handys im Unterricht sollte nicht länger untersagt sein. Als Gründe wurden wichtige Anrufe, die einfach keinen Aufschub duldeten, genannt, und man könne so auch mit der Handykamera kleine Videos aufnehmen, die die Unfähigkeit bestimmter Lehrer überzeugend dokumentieren würden.

"Na, da wird ja noch einiges auf die Lehrer zukommen", meinte ein Mitglied des Entwicklungsstabes. Während diese ersten Vorschläge aber noch einigermaßen vernünftig erschienen, waren die weiteren absolut nicht zu gebrauchen und der Expertenstab fragte sich beim ein oder anderen Vorschlag wirklich, ob er denn ernst gemeint sein könne. Eine Flatrate für alkoholische Getränke im Schülercafe´ war noch eine der harmloseren Varianten. Andere Vorschläge, wie die Benutzung des Filmraumes außerhalb der Unterrichtszeiten für die Aufführung von aus dem Internet herunter geladenen Hardcorepornos oder Gewaltvideos zu benutzen und die Schule für Gangbang-Parties am Wochenende zu öffnen, ließ eindeutig auf einen zu hohen Konsum der Musik so genannter Porno-Rapper schließen. Leider kamen diese Wünsche überwiegend von männlichen

Jugendlichen aus so genannten bildungsfernen Schichten, auch Hauptschüler genannt, Das machte dem Entwicklungsstab allerdings recht deutlich, dass es höchste Zeit war, die Schullandschaft völlig neu zu gestalten, damit diese Jugendlichen endlich mal wieder auf andere Gedanken kamen. Das Rauchen von Marihuana auf dem Schulhof zu gestatten wurde allerdings schulformübergreifend gewünscht, aber das kam ja allein schon wegen des allgemeine Rauchverbotes nicht mehr in Frage.

8.

Nachdem alle machbaren Änderungen in Auftrag gegeben worden waren und der Entwicklungsstab das Experimentalstudium verlassen und zum festen Planungsstab ernannt worden war, trat er erneut mit dem Verkaufstrainer zusammen. Diesmal trafen sie sich in einem schicken Tagungshotel, wo sie alle gemeinsam zwölf Tage in Klausur gehen sollten, um den Gesang zu erlernen, den sie anschließend an die schuleigenen Trainer weitergeben sollten. Insgeheim hoffte jeder, dass das schnell ginge und man sich dann noch schöne und entspannte Tage machen könnte, denn das Hotel hatte wirklich alles, um den Gast zu verwöhnen. Sauna und

Swimmingpool, die Berge lagen direkt vor der Tür und luden zum Wandern ein, und für sein ausgezeichnetes Essen war das Hotel weltberühmt. Der Verkaufstrainer hatte auf diesem Hotel bestanden, denn in angenehmer Umgebung lernt es sich einfach besser und tatsächlich waren auch alle in bester Stimmung in diesem komfortablen Ambiente.

Der Verkaufstrainer begann, die weitere Vorgehensweise zu erläutern und alle waren sehr gespannt. "Nachdem wir nun mit Hilfe der Schülerbefragung die organisatorischen Bedingungen geschaffen haben, die es den Schülern ermöglichen sollen sich wohl zu fühlen, müssen wir uns jetzt Gedanken darüber machen, was wir sonst noch tun können, um den Wohlfühlfaktor an den Schulen weiter auszubauen. Haben Sie vielleicht dazu eigene Vorschläge zu machen?" richtete er sich an die Gruppe.

Die Gruppe schwieg, aber schließlich kam dann doch noch etwas zögerlich von Dezernentin

Immergut, dass die Schüler vielleicht die Gestaltung der Wände im Schulgebäude übernehmen könnten.

"Das ist ja nun nichts wirklich Neues", entgegnete darauf sofort Schulleiter Gernegroß. "Das hat es ja in der Vergangenheit öfter gegeben, sozusagen als Nebenprodukt des Kunstunterrichtes. Leider führte das an unserer Schule dazu, dass die Schüler die Wände mit Graffiti verschmierten und Namen von Porno-Rappern und rechtsradikalen Bands darauf auftauchten. Schließlich hat die Presse davon Wind bekommen und es an die Öffentlichkeit gebracht. Das war vielleicht ein Theater. Die Namen rechtsradikaler Bands an den Wänden des Anne Frank Gymnasiums. Das muss man sich mal vorstellen! Und den Kunstlehrern ist nichts aufgefallen, weil sie diese Bands nicht kannten. Sie hielten sie angeblich für harmlose Boygroups. Und ich konnte meinen Kopf dafür hinhalten. Also ich halte nichts von diesem Vorschlag."

"Aber wir handeln ja jetzt im offiziellen Auftrag der Regierung, also kann uns doch gar nichts mehr passieren", steuerte nun auch Dezernent Zweimalklug seinen Teil zur Diskussion bei. "Und wenn die Schüler solche Musik nun einmal gerne hören, in denen Rassisten andere Menschen verunglimpfen und zu Mord und Totschlag aufrufen oder Mädchen und in einigen Songs auch Jungen anal vergewaltigt werden, wenn es die lieben Schüler also glücklich macht, ja warum denn eigentlich nicht. Hauptsache, sie fühlen sich wieder wohl an ihrer Schule."

"Ich glaube eher, dass das großen Ärger geben wird, schließlich hat die Schule auch noch einen Erziehungsauftrag", mischte sich jetzt Dezernent Sorge in die Diskussion mit ein. "Es ist ja nichts dagegen zu sagen, dass die Schüler die Wände der Schule gestalten, aber völlig freie Hand darf man ihnen dabei auf gar keinen Fall lassen."

<u>9.</u>

„Ich glaube, wir haben uns missverstanden", unterbrach der Trainer jetzt. „An eine eigene Gestaltung der Schulwände durch Schüler hatte ich eigentlich nicht gedacht. Letztendlich bestimmt ja auch kein Kunde darüber, wie der Supermarkt, in dem er einkauft, auszusehen hat. Mir geht es um etwas anderes, nämlich um das so genannte Klima im Laden oder, in Ihrem Fall, um das Klima im Klassenzimmer. Da hält sich der Schüler ja die meiste Zeit auf.

„Als erstes", fuhr der Trainer fort, " gilt es festzustellen, dass ein Klima im Laden bzw. Geschäft immer existiert und es natürlich gut oder schlecht sein kann. Das hängt ganz wesentlich davon ab, wie freundlich oder unfreundlich der Verkäufer ist. Sie alle haben es sicher schon einmal erlebt, dass Sie ein Geschäft betreten haben und statt einer freundlichen Begrüßung einen abschätzenden Blick des Verkäufers kassiert haben. Die Kinnlade ging runter, der Verkäufer wandte sich einfach von Ihnen ab. Oder, was vielleicht noch schlimmer ist, der Verkäufer hat überhaupt keine Notiz von Ihnen genommen. Er hat sich einfach weiter mit seinen Kollegen unterhalten oder sogar die Flucht ergriffen nach dem Motto: Vorsicht, Kunde droht mit Auftrag.

Oder Sie stehen an einer Bedienungstheke mit mehreren Kassen an und scheinen für das Verkaufspersonal mehr oder weniger unsichtbar zu sein, denn jedes Mal wird ein anderer Kunde, der sich später angestellt hat, vor Ihnen bedient.

In solchen Situationen haben Sie mehrere Möglichkeiten. Sie könnten den Rückzug antreten und sich ein anderes Geschäft suchen, oder Sie machen auf sich aufmerksam und suchen möglicherweise die Konfrontation mit dem Verkäufer.

Eines steht aber auf jeden Fall schon fest. Sie sind verärgert und der Verkäufer dürfte es schwer haben, Ihnen noch ein Zusatzprodukt zu verkaufen. Und Geschäfte sind häufig auf den Verkauf von Zusatzprodukten angewiesen, um den notwenigen Deckungsbeitrag zu erwirtschaften. Und beim nächsten Mal überlegen Sie es sich genau, ob Sie nicht doch besser ein anderes Geschäft aufsuchen sollten, wo Sie sich gerechter und freundlicher behandelt fühlen.

Und genau so ergeht es Ihren Schülern im Klassenzimmer. Sie alle wollen von ihrem Lehrer wahr genommen werden und verlangen dessen uneingeschränkte Aufmerksamkeit. Ein Schüler, der sich im Unterricht immer wieder meldet und vom Lehrer dabei übersehen wird, fühlt sich ähnlich wie der Kunde vor der Ladentheke. Und dann zieht er sich entweder zurück und klinkt sich innerlich aus dem Unterricht aus, oder er sucht die Konfrontation mit dem Lehrer. Also sollten Sie Ihren Schülern immer zeigen, dass Sie gesehen haben, dass diese sich melden, auch wenn sie nicht immer dran genommen werden können. Und Sie sollten darauf achten, dass jeder Schüler, der sich meldet, wenigstens einmal dran genommen wird und sich nicht ständig übergangen fühlt.

So wie ein Verkäufer einen Kunden, der seinen Laden betritt, freundlich anlächeln und ihm deutlich machen sollte, dass er sich über seinen Besuch freut, so sollte auch ein Lehrer zu Beginn des Unterrichts seine Schüler anlächeln und ihnen deutlich machen, dass er sich freut, diese zu sehen. Auch ein unordentlich aussehender und schmutziger Laden schädigt das Klima. Das gilt übrigens ebenso für das Klassenzimmer. In einem ordentlichen und aufgeräumten Klassenzimmer mit einem freundlichen, den Schülern zugewandten Lehrer herrscht ein angenehmeres Klima als in einem mit Papierkügelchen übersäten Klassenzimmer, in dem ein unfreundlicher und den Schülern abgewandter Lehrer agiert. Eine alte asiatische Weisheit lautet *"Wer nicht lächelt, sollte keinen Laden eröffnen"*. Das gleiche gilt auch für den Lehrberuf: *"Wer nicht lächelt, sollte kein Lehrer werden."*

10.

„Donnerwetter", dachten die Mitglieder des Planungsstabes, "der Mann ist sein Geld wirklich wert."

"Aber es geht noch weiter", fuhr der Verkaufstrainer fort. "Findige Verkaufspsychologen denken sich immer neue Strategien aus, um die Kunden zum Kauf zu bewegen. Sie bemühen sich, die Kauflust des Kunden unterschwellig anzuregen. Wie machen sie das? Unter anderem mit leiser Musik, die der Kunde während seines Einkaufs kaum wahrnimmt, die ihn aber positiv beeinflusst. Ein bestimmtes Licht ist wichtig, zu grelles Licht regt den Kunden auf, außerdem werden bestimmte Waren so ausgeleuchtet und präsentiert, dass der Kunde sogleich den Wunsch verspürt, diese zu kaufen. Wodurch können wir jetzt eine positive Lernatmosphäre für den Schüler schaffen? Als erstes sollte während des Unterrichts im Hintergrund immer eine leise Musik laufen, je nach Fach natürlich unterschiedlich, denn Musik regt den menschlichen Geist an. Sehr wichtig ist es außerdem, den Schülern eine gemütliche Sitzhaltung zu gestatten. Viele von Ihnen wissen es vielleicht nicht, aber jeder Orthopäde würde sozusagen die Krise kriegen, wenn er sehen könnte, was unseren Schülern in den Schulen an Sitzmöglichkeiten zugemutet wird. Sie müssen sich teilweise wer weiß wie verrenken, damit sie nach vorne an die Tafel gucken können. Außerdem sind die Stühle viel zu unbequem, da ist die Arbeitsunfähigkeit ab dem fünfunddreißigsten Lebensjahr auf Grund von Bandscheibenvorfällen fast schon vorprogrammiert. Das Mobiliar sollte also dringend ausgetauscht werden gegen Liegesessel und das dürfte ja in der jetzigen Situation, bei den finanziellen Möglichkeiten, kein Problem mehr sein. Geld ist ja wirklich genug vorhanden. Außerdem bietet sich während des Unterrichts ein Dämmerlicht an, denn grelles Licht macht nicht nur die Kunden während ihres Einkaufs sondern auch Ihre Schüler während des Unterrichts nervös. Und wer nervös ist, kann sich nur schlecht konzentrieren. Ideal wäre auch die Gestaltung des Raumes nach den Prinzipien des Feng-Shui, damit wären Sie dann endgültig auf der sicheren Seite, was das Ambiente und Klima im Klassenraum anbelangt."

Dem Planungsstab hatte es vollständig die Sprache verschlagen ob der Ausführungen des Verkaufstrainers und sie nickten nur noch stumm, um ihre Zustimmung zu signalisieren.

11.

"Aber", so fuhr der Verkaufstrainer am nächsten Morgen fort, "einen wichtigen Punkt hätte ich fast vergessen, nämlich die Schultoiletten. So wie kein Kunde gerne in einem Einkaufsmarkt mit verschmutzten Toiletten einkauft, so besucht kein Schüler gerne eine Schule mit heruntergekommenen, verschmutzten Toiletten. Und sagen Sie einmal selbst: Wenn Sie in einem erstklassigen Restaurant speisen wollten, dort vor dem Essen die Toilette aufsuchten und alles verschmutzt wäre? Was würden Sie tun? Wahrscheinlich schleunigst das Weite suchen, denn Sie dächten automatisch, dass es in der Küche genau so aussehen könnte. Die Toilette ist also sozusagen das Aushängeschild eines Restaurants oder eines Einkaufsmarktes. Und das gleiche gilt natürlich auch für die Schulen. Ich würde jetzt nicht so weit gehen zu sagen, dass die Toilette das Aushängeschild der Schulen ist, aber ohne vernünftige Toiletten gibt es kein Wohlfühlen an den Schulen, so viel möchte ich dann doch behaupten, und das ist ja eines unserer wichtigsten Ziele. Wenn die Schulgebäude erst einmal saniert oder neu gebaut sind, dürfte das ja kein Thema mehr sein, aber so lange kann man eigentlich nicht warten. Es muss eine Interimslösung gefunden werden. Am besten mit diesen niedlichen kleinen mobilen Toilettenhäuschen, da gibt es wirklich recht schöne Modelle, natürlich nur für den Übergang, versteht sich. Da könnte ich Ihnen auch eine entsprechende Adresse geben, verweisen Sie auf mich, dann wird es preiswerter. Ich bin dabei auch etwas am Umsatz beteiligt, man muss ja sehen, wo man bleibt, nicht wahr? Es gibt diese mobilen Häuschen sogar schon nach den Prinzipien des

Feng Shui gestaltet, und damit sind Sie, wie ich bereits erwähnte, immer auf der sicheren Seite. Und damit der Gang zur Toilette für den Schüler wie der Gang in eine Wohlfühloase wird, denn oberstes Gebot ist ja, dass der Schüler sich an der Schule wohlfühlt, achten Sie auch gleich auf das richtige Toilettenpapier. Da gibt es nämlich gravierende Unterschiede. Es sollte selbstverständlich nur mehrlagiges Toilettenpapier in Frage kommen, dabei gilt, je mehr Lagen, desto besser. Aber das wirklich Entscheidende ist der Härtegrad. Nur ein samtweiches Spitzenprodukt schafft wirkliche Zufriedenheit beim Toilettengang. Und damit für den Schüler immer eine ausreichende Menge dieses gesäßfreundlichen Toilettenpapiers vorhanden ist, sollten Sie gleich einen kleinen Vorrat für ihn anlegen, am besten in einem Schrank im Klassenraum. Der Schüler muss ja jeden Toilettengang bei seinem Lehrer anmelden, deshalb macht es dann auch kaum einen Umstand, wenn dieser kurz zum Vorratsschrank geht und dem Schüler eine Rolle raus holt. Nur so ist auch wirklich gesichert, dass immer Papier auf der Toilette vorhanden ist. Denn was gibt es Schlimmeres, als auf der Toilette zu sitzen und entdecken zu müssen, dass Papier fehlt. Man hat ja nicht immer ein Papiertaschentuch zur Hand. Außerdem eignen sich Papiertaschentücher mit Menthol nicht besonders gut für die zarte Gesäßhaut. Auch an das anfänglich etwas ungewöhnliche Bild wird man sich schnell gewöhnen. Bald wird man sich die Schüler ohne Toilettenrolle unter dem Arm gar nicht mehr vorstellen können.

"Glauben Sie wirklich?", kam jetzt doch etwas zweifelnd von Dezernent Zweifel.

"Machen wir uns mit so einem Vorschlag nicht lächerlich?"

"Aber keinesfalls", widersprach der Verkaufstrainer, "man wird Sie für diese innovative Idee loben."

"Na ja, wenn Sie wirklich meinen, warum eigentlich nicht", pflichteten jetzt auch die anderen bei. Ihre

Ausführungen sind ja im Grunde genommen wirklich nicht von der Hand zu weisen.”

“Dann hätten wir also auch diesen Punkt abgehakt”, meinte der Trainer zufrieden. Kommen wir jetzt zu unserer eigentlichen Aufgabe”, fuhr der Verkaufstrainer fort, “dem Kunden eine Ware zu verkaufen. Denn ein Kunde soll sich natürlich nicht nur wohl fühlen, sondern er soll auch etwas kaufen. Nur so macht das Ganze ja überhaupt erst einen Sinn.

Genauso soll ein Schüler nicht nur die Schule besuchen und sich dort wohl fühlen, sondern er soll dort auch etwas lernen. Denn das ist ja der eigentliche Sinn und Zweck einer Schule.”

“Dieses Wissen ist aber bei vielen unserer Schüler bereits verloren gegangen”, stichelte Dezernent Zweifel.

Unbeirrt führ der hoch dotierte Verkaufstrainer fort: ”Wann aber kauft ein Kunde Ware und vor allen Dingen warum kauft ein Kunde Ware? Ein Kunde kauft Ware, um seine Bedürfnisse zu befriedigen.

Welche Bedürfnisse aber sind das? Schauen wir uns zu diesem Zweck doch einmal die Bedürfnispyramide des guten alten Abraham Maslow an.

Maslow

M aslow

M aslow

M aslow

M aslow

M a s l o w

12.

Da gibt es zwei verschiedene Modelle, wir entscheiden uns mal für das etwas weniger umfangreiche mit sechs Stufen, denn es geht ja darum, das Prinzip zu verstehen. Auf der untersten Stufe dieser Pyramide finden wir die so genannten Grundbedürfnisse, wie das Bedürfnis nach Sättigung, nach Durststillung und nach Schutz vor Kälte. Laut Maslow muss ein Mensch erst diese Bedürfnisse befriedigen, bevor er zur nächst höheren Stufe, dem Bedürfnis nach Sicherheit, kommt."

"Aha, das erklärt auch, warum so viele Schüler heimlich im Unterricht essen, obwohl es zu einem Eintrag ins Klassenbuch kommt. Dabei gehen die Schüler bewusst das Risiko einer Klassenkonferenz ein," unterbrach Schulleiter Scherzlein den Trainer."

"An unserer Schule isst kein Schüler im Unterricht, darauf können Sie aber wetten",mischte sich jetzt auch Schulleiter Gernegroß ein.

"Aber meine Herren, es geht doch hier wirklich nicht

um Disziplinschwierigkeiten an Ihren Schulen und darum, wer sich besser durchsetzen kann. Lassen Sie den Trainer doch bitte fortfahren. Im Übrigen ist ohnehin zu überlegen, ob wir den Schülern, wenn sie denn Kunden sind, das Essen während des Unterrichts nicht werden erlauben müssen. Immerhin sind Kunden ja Könige und Könige kann man ja schließlich nicht hungern lassen."

"Das ist absolut richtig", pflichtete der Verkaufstrainer Dezernentin Immergut bei, "wenn der Schüler Kunde ist, darf er selbstverständlich auch während des Unterrichts essen. Aber lassen Sie uns zu Maslow zurückkehren. Wie ich schon sagte, erst wenn die unterste Bedürfnisstufe befriedigt ist, erwächst ein neues Bedürfnis, das Bedürfnis nach Sicherheit. Dieses Bedürfnis ist ein sehr elementares Bedürfnis. Wenn wir unsere Sicherheit bedroht sehen, geraten wir leicht in Panik und sind sogar bereit, elementare Freiheitsrechte aufzugeben, nur damit wir uns sicher fühlen können. Ich denke dabei gerade an die Diskussion, ob das Innenministerium zukünftig Zugriff auf alle Computer haben soll, um terroristische Angriffe leichter verhindern zu können oder an die flächendeckende Aufstellung von Überwachungskameras. Unser Sicherheitsbedürfnis machen sich übrigens auch Versicherungsvertreter zunutze, wenn sie ihre Produkte verkaufen wollen. Ohne dieses menschliche Bedürfnis nach Sicherheit hätten sie beim Verkauf ihrer Produkte echt schlechte Karten. Aber ich schweife ab, verzeihen Sie bitte, meine Damen und Herren. Auf das Sicherheitsbedürfnis folgen die sozialen Bedürfnisse, wie das Bedürfnis nach Liebe und Geborgenheit, gefolgt von der vierten Stufe, dem Bedürfnis nach Anerkennung und Wertschätzung. Dann geht es weiter mit dem Bedürfnis nach Selbstverwirklichung und auf der obersten Stufe findet sich das Bedürfnis nach Transzendenz. Diese Bedürfnispyramide ist für den Verkauf sehr wichtig, weil sie helfen kann, die Kundenbedürfnisse herauszufinden. Ein guter Verkäufer beobachtet die Signale, die sein Kunde aussendet, sehr genau, um herauszufinden, auf welcher Stufe der Bedürfnispyramide sich dieser gerade befindet. Und wenn er das erkannt hat, ist er auch in der Lage, dem Kunden die entsprechende Ware zu verkaufen.

<u>13.</u>

Und dieses Modell kann auch Ihnen helfen herauszufinden, was Ihre Schüler brauchen, denn auch diese wollen ja ihre Bedürfnisse befriedigen. Das ist immer der Antrieb eines jeden Menschen, seine Motivation. Ohne Motivation tut sich überhaupt nichts. Ohne Motivation lernen Ihre Schüler nie etwas. Aber was bedeutet das Ganze denn jetzt konkret? Wie ich schon sagte, stehen auf der untersten Stufe der Bedürfnispyramide die Grundbedürfnisse. Werden diese nicht befriedigt, wird der Mensch über kurz oder lang verdursten, verhungern, erfrieren. Deshalb könnte es einem Menschen doch eigentlich egal sein, was er isst oder trinkt, Hauptsache, er verdurstet und verhungert nicht, nicht wahr? "

Die Mitglieder des Planungsstabes nickten und Dezernentin Siebenschön dachte gerade darüber nach, dass sie nur wenig gefrühstückt hatte und hungrig war.

"Aber so ist es nicht", fuhr der Verkaufstrainer fort.

"Wir essen nicht nur, um am Leben zu bleiben, sondern wir suchen auch ein bestimmtes Geschmackserlebnis."

"Hauptsache, was zu essen", dachte Dezernentin Siebenschön..

"Das Gleiche gilt für den Kauf von Kleidung. Natürlich bietet uns die Kleidung im Winter Schutz vor dem Erfrieren, zumindest war es früher so, mittlerweile wird ja kaum noch jemand bei diesen Temperaturen erfrieren können. Aber ich schweife schon wieder ab. Worauf ich hinauswill ist, dass der Schutz vor Kälte nicht das Einzige ist, was wir von unserer Kleidung erwarten. Dann nämlich würde es ausreichen, wenn wir uns nur alle zehn bis fünfzehn Jahre neue Winterbekleidung kauften. Statt dessen aber kleiden sich die meisten von uns häufiger neu ein und warum? Weil wir mit Kleidung unsere Individualität unterstreichen und eine Art Gruppenzugehörigkeit demonstrieren möchten. Das erleben die Lehrer ja tagtäglich an den Schulen. Schüler, die es sich nicht leisten können, so genannte Markenklamotten zu bezahlen, werden schnell von ihren Klassenkameraden ausgegrenzt. Also definieren wir mit unserer Kleidung auch unsere soziale und wirtschaftliche Stellung innerhalb der Gesellschaft." Die Mitglieder des Planungsstabes waren ziemlich ratlos, denn ihnen war beim besten Willen nicht klar, worauf der Verkaufstrainer mit seinem Vortrag hinaus wollte. Was sollte das jetzt mit dem Schüler als Kunden zu tun haben? Hier ging es ja nicht darum, dass die Lehrer den Schülern Kleidung oder etwas zu essen verkauften. Aber wer wusste das schon? Vielleicht würde es dazu ja auch noch kommen. Keiner traute sich nachzufragen, denn jeder dachte, nur er sei so dumm nicht zu erkennen, was genau der Trainer meinte. Und jeder hoffte, dass sich das bald aufklärte. " Ein weiteres wichtiges Kaufmotiv " , fuhr der Verkaufstrainer fort, "ist das Sparen. Ja, meine Damen und Herren, ich weiß, dass sich das paradox anhört, denn wer sparen will, sollte nach Möglichkeit nichts kaufen, denn Kaufen ist ja zwangsläufig mit Geld ausgeben verbunden, also mit dem Gegenteil von Sparen. Aber Sparen tun Kunden nun mal besonders gerne, das erklärt auch die Beliebtheit preisreduzierter Ware. Das gilt im Übrigen nicht nur für Leute, die kein besonders hohes Einkommen haben, nein, ganz im Gegenteil, auch der Multimilliardär will sparen und freut sich über jedes vermeintliche Schnäppchen. Ein Kunde, der glaubt, beim Kauf einer Ware zu sparen, fühlt sich wohl, obwohl er Geld ausgibt. Denn er glaubt, einen höheren Gegenwert für sein Geld bekommen zu haben, er hat also einen guten Tausch gemacht. Sie verstehen, meine Damen und Herren?" Die Damen und Herren des Planungsstabes verstanden ganz und gar nicht, was das Ganze mit ihrer Mission zu tun haben sollte, trotzdem nickten sie tapfer und der Trainer fuhr fort: "Da wir nicht mehr in der Steinzeit leben, ist für unsere Grundbedürfnisse eigentlich immer gesorgt. Wir machen uns also um das Verhungern, Verdursten und Erfrieren keinen Kopf. Zur Not greift der Staat ja ein. Aber wenn wir unsere Sicherheit bedroht sehen, sieht das Ganze schon anders aus, da geraten wir leicht in Panik. Das machen sich, wie ich bereits erwähnte, auch gerne Versicherungsvertreter zunutze. Aber um das Ganze jetzt auf den Punkt zu bringen: Jeder Mensch hat Bedürfnisse, die er befriedigen möchte. Und ein Kunde kauft dann eine Ware, wenn er seine momentanen Bedürfnisse damit befriedigen kann. Und dann löst der Kauf auch positive Gefühle in ihm aus. Welche Bedürfnisse befriedigt werden müssen, darüber gibt die Bedürfnispyramide nach Maslow Aufschluss. Und was für Kunden gilt, gilt natürlich auch für Schüler. Erst recht, wo diese ja jetzt auch Kunden sind.

"Aha", dachte der Planungsstab, "und was sollte jetzt die lange Vorrede? Das hätte er doch gleich sagen können." Allerdings war diese Ahnungslosigkeit bei Vorträgen auch nichts wirklich Neues für sie. Was hatten sie sich schon für einen Blödsinn auf Konferenzen anhören müssen.

Besonders Lehrer waren ausgezeichnet dazu in der Lage, stundenlange Vorträge über etwas zu halten, von dem keiner der Zuhörer wusste, was das Ganze überhaupt sollte. Es ging auf den meisten Konferenzen darum, sich für ein höheres Amt im Schuldienst zu profilieren und das schaffte man nur, indem man die Aufmerksamkeit auf sich lenkte. Und wie konnte man das besser als durch endloses Reden? Wahrscheinlich hatte dieser Verkaufstrainer einfach nur eine Profilneurose und hörte sich gerne reden.

14.

"Ihre Aufgabe", schloss der Verkaufstrainer seine Ausführungen ab, "ist es jetzt, das Gesagte auf die Schüler und den Unterricht zu übertragen." Jetzt waren die Mitglieder des Planungsstabes wirklich baff und alle sahen den Verkaufstrainer groß an. Damit hatten sie nun wirklich nicht gerechnet. Im Gegenteil, sie hatten natürlich geglaubt, dass der Verkaufstrainer, der ja extra für diese Aufgabe rekrutiert worden war, die Übertragung auf die Schüler leisten würde. Wenn sie nur im Entferntesten geahnt hätten, wie viel Arbeit da auf sie zukommen würde, wären sie niemals bereit gewesen, sich an diesem Entwicklungsstab zu beteiligen. Adieu Sauna, Swimmingpool und Wandern. Da wäre man ja selbst zu Hause im Kreise seiner Familie stressfreier aufgehoben gewesen. Als ob der Trainer Gedanken lesen könnte, fügte er verschmitzt hinzu "Etwas müssen Sie auch noch selbst machen", und ordnete für den nächsten Tag Gruppenarbeit an.

Er ließ eine ziemlich fassungslose Kommission zurück. Wann hatten sie eigentlich zuletzt richtig arbeiten müssen? Das schien Lichtjahre zurück zu liegen. Das entsprach ganz und gar nicht ihrer Begabung. Sie konnten Befehle erteilen und Revisionen durchführen und besonders gut konnten sie Fehler aufdecken, die andere gemacht hatten. Aber selbstständig denken? Das war eigentlich ein bisschen viel verlangt. So hatten sie sich das Ganze wirklich nicht vorgestellt. Wofür bekam dieser Trainer eigentlich so viel Geld? Er hätte ihnen eine schriftliche Zusammenfassung mit der

Umsetzung geben müssen, so war das schließlich immer gelaufen, sie hätten diese dann mit Abgesandten der Schulen durchgesprochen und diese hätten sich wiederum um die Umsetzung an ihren Schulen gekümmert. Später wären sie dann stichprobenartig an den Schulen aufgetaucht und hätten die Einhaltung der neuen Idee vom Schüler als Kunden kontrolliert. Qualitätskontrolle nannte sich dieserVorgang. Und kontrollieren konnten sie sehr gut, das hatten sie in der Vergangenheit schon oft genug unter Beweis gestellt. An wen konnten sie sich denn jetzt bloß wenden? Sie konnten ja auch schlecht zugeben, dass sie sich nicht in der Lage sahen, die Aufgabe des Verkaufstrainers zu lösen. Wie würden sie dastehen? Wenn das rauskäme! Sie hatten keine Wahl. Sie würden sich wohl oder übel in ihr Schicksal fügen müssen. Wie lange hatten sie Zeit für die Umsetzung? Elf Tage? Na dann, ran ans Werk.

15.

Zwei ganze Tage brauchten sie, bis sie sich etwas von dem Schrecken erholt hatten, und dann ging es los. Sie überlegten hin und her, zogen Vergleiche, verwarfen diese wieder, entwickelten Leitfragen und Ideen und formulierten schließlich als übergeordnete Leitfrage:

"Wie kann Unterricht die Bedürfnisse des Schülers befriedigen und positive Gefühle

in ihm auslösen?"

Schulleiter Scherzlein, ein blasser, kahlköpfiger Schulleiter Mitte 50, der nach eigener Aussage "schon so manchen Lehrer über die Klinge hatte springen lassen" meinte, dazu falle ihm nur der Sexualkundeunterricht ein. Die einzige, die darüber lachte, war Dezernentin Siebenschön, eine modisch gekleidete Dezernentin unbestimmten Alters, die sich im trauten Kreis schon mal damit brüstete, die ein oder andere angestrebte, von ihr aber unerwünschte Karriere eines Lehrers oder einer Lehrerin erfolgreich verhindert zu haben. Die Begeisterung der anderen Mitstreiter über den abgeschmackten Scherz hielt sich in Grenzen. Sie hatte auf einmal der Ehrgeiz gepackt und sie erinnerten sich plötzlich wieder an die Zeit, als sie an der Unterrichtsfront standen und sich mit unmotivierten Schülern herumplagen mussten. Sie erkannten auch auf einmal klar, dass genau dieser tägliche Stress in der Schule sie dazu bewogen hatte, Schulleiter und später Dezernent zu werden, natürlich nur, weil es vorher mit der politischen Karriere nicht geklappt hatte, denn das hatten alle versucht. Was gab es Schöneres, als über faule und unfähige Lehrer zu schimpfen und selbst dicke Abgeordnetengehälter und noch reichlich Geld aus Nebeneinkünften zu kassieren? Aber so viel Glück konnte ja schließlich nicht jeder Lehrer haben, dass er in der Politik Karriere machte. Mit der Zeit war ihnen ihre eigene Geschichte aus dem Blickfeld geraten und sie glaubten wirklich, besser zu sein als die Lehrer und Lehrerinnen vor Ort, die täglich ihre Gesundheit und ihre Nerven strapazierten. Auf deren Einwände, wenn mal wieder eine neue Reform angestanden oder sich die Situation an den Schulen noch weiter verschärft hatte, waren sie gar nicht mehr eingegangen, es war ihnen einfach zu läppisch gewesen. Wenn sie jetzt an so manche Methodendiskussion der letzten Jahre dachten, die sie mit Lehrern an den Schulen geführt hatten, dann wussten sie genau, dass die Kollegen oder Kolleginnen recht gehabt hatten, dass manche in den Himmel gelobten Methoden das Papier nicht wert gewesen waren, auf dem sie gedruckt gestanden hatten. Und, was noch viel schlimmer war, es waren in der Vergangenheit gravierende Fehler gemacht worden. Der Blick in die Vergangenheit zeigte eindeutig, welche Wandlungen Unterricht in den letzen Jahrzehnten durchgemacht hatte und dass einander sich völlig ausschließende Überlegungen zu unterschiedlichen Zeiten als das Gelbe vom Ei gehandelt worden waren.

Eine leichte Beschämung hatte sich ihrer nun bemächtigt und deshalb waren sie jetzt über alle Maßen entschlossen, ihre Aufgabe erfolgreich zu bewältigen. Vielleicht konnte die Idee vom Schüler als Kunden ja ein richtiger Ansatz sein.

16.

Die Ausführungen des Verkaufstrainers auf die Schüler zu übertragen, erwies sich als außerordentlich schwierig. Die Mitglieder des Planungsstabes mussten sehr lange überlegen, bevor sie zu einem ersten Ergebnis kamen. Vielleicht lag es aber auch daran, dass sie diese Art zu denken einfach nicht gewohnt waren.

Schließlich waren sie sich aber einig, dass Grundnahrungsmittel und Kleidung mit Lesen, Schreiben und Rechnen vergleichbar waren. Grundnahrungsmittel und Kleidung befriedigten die Grundbedürfnisse, ohne diese müsste ein Mensch sterben. Und ohne Lesen, Schreiben und Rechnen zu können, wäre es für jeden Menschen sehr schwer, sich in einer zivilisierten Gesellschaft zu behaupten. Aber da selbst bei den Grundnahrungsmitteln ein Kunde Wert darauf legte, dass sie ihm schmeckten und er nicht einfach etwas kaufte, nur um seinen Hunger zu stillen, wenn er die Wahl und die finanziellen Mittel hatte, so erwartete wahrscheinlich auch ein Schüler, dass ihm Deutsch und Mathematik schmeckten. Aber was war zu tun, damit der Deutsch- und Mathematikunterricht dem Schüler schmeckten? Abgesehen davon waren Geschmäcker unterschiedlich und wie sollte man bei durchschnittlichen Klassenstärken von 28 - 30 Schülern jeweils den individuellen Geschmack des Schülers treffen können? Wahrscheinlich würden die Schüler auch in Zukunft essen müssen, was auf den Tisch kam, nämlich einen Einheitsbrei, der zwar keinem besonders gut schmeckte, der aber den meisten immerhin genießbar erschien.

Ähnlich verhielt es sich bei der Kleidung. Auch diese sollte den Kunden ja nicht nur vor Kälte oder Hitze schützen, sondern sie sollte auch seine Individualität unterstreichen. Konnte man denn bei solchen Klassenstärken tatsächlich noch jeden einzelnen Schüler im Unterricht vorteilhaft aussehen lassen? Ob der Verkaufstrainer überhaupt eine Antwort gewusst hätte? Auf Kunden bezogen hörte sich das alles sehr vernünftig an, aber bezogen auf Schüler? Wie sollte das gehen? Ihnen begann zu dämmern, dass die Experten aus der Wirtschaft zwar klug daherreden konnten, aber wenn es an das so genannte Eingemachte ging, hatten auch sie keine Lösung parat. Die Übertragung überließen sie dann gern den Lehrern vor Ort oder - wie in diesem speziellen Falle - ihnen. Aber immerhin war ein Anfang gemacht und jetzt fiel es ihnen doch leichter, sich den Schüler als Kunden vorzustellen.

Mit diesem beruhigenden Gedanken verabschiedeten sie sich nach einem ausgiebigen Abendessen auf ihre Zimmer und konnten endlich mal wieder beruhigt fernsehen oder ein Buch lesen, ohne die Angst zu haben, nach Ablauf des Trainings genauso so schlau zu sein wie vorher.

17.

Preisreduzierte Ware bedeutete für die Kunden, für wenig Geld etwas Hochwertiges zu bekommen. Übertragen auf Schüler könnte das bedeuten, dass sie mit wenig Aufwand viel erreichen würden. Aber war das beim Lernen überhaupt möglich? War Lernen nicht immer auch mit Anstrengung verbunden? Darüber zermürbten sich die Mitglieder des Pianungsstabes am nächsten Morgen den Kopf. Sie alle hatten ausgezeichnet geschlafen und sich nach dem Frühstück gleich an die Arbeit begeben. Jetzt standen sie vor einem neuen Problem.

In der Vergangenheit hatte es immer wieder Methoden gegeben, mit denen man angeblich im Schlaf oder spielerisch lernen konnte, Superlearning und Suggestopädie waren zwei davon. Aber zumindest an den Schulen hatten sich diese Methoden nie so richtig durchsetzen können. "Ganzheitliches Lernen" war auch so ein Schlagwort oder "Lernen mit Kopf, Herz und Hand". Kooperative Unterrichtsformen waren immer noch sehr angesagt, vorher war es die Gruppenarbeit gewesen. Problemorientierte Ansätze, kognitionsorientierte oder erfahrungsorientierte, das Lernen blieb den Schülern bei keinem Ansatz erspart. Neue Methoden kamen und gingen wie Ebbe und Flut, aber das Gelbe vom Ei schien noch ncht erfunden zu sein. Die leistungsstärkeren Schüler blieben in ihren Leistungen konstant, egal welche Methode gerade „in" war, die leistungsschwächeren Schüler blieben renitent dem Lernzuwachs gegenüber, egal was man ausprobierte. Allen Fantasiereisen, Entspannungsübungen, Lernkonzerten, in denen Lerninhalte in entspanntem Zustand bei leiser, langsamer Musik dargeboten wurden, Lernspielen und Lernpostern zum Trotz. Es war eben nicht alles spielerisch zu bewältigen, Lernen strengte an. Und wenn das so war, wären Schüler dann nicht doch wieder frustriert, weil sie einfach keine Lust hatten sich anzustrengen? Oder weil sie einfach intellektuell gar nicht in der Lage waren, das von ihnen Verlangte zu leisten? Und blieben sie dann nicht wieder der Schule fern, trotz Paradigmenwechsel und Kundenorientierung?

"Allen Leuten recht getan, ist eine Kunst, die niemand kann" zitierte Dezernent Zweifel vielsagend das alte Sprichwort. "Man wird es niemals allen Schülern recht machen können, ganz egal, wie viele Paradigmen- und Methodenwechsel man in Zukunft noch vornehmen wird." Die anderen Mitglieder des Planungsstabes nickten nachdenklich.

18.

"Aber im Moment", fuhr Dezernent Zweifel fort, ist es doch so, dass wir die Schüler wie Könige behandeln sollen, denn lautet nicht die alte Verkaufsweisheit "Der Kunde ist König ?" Und wenn wir den Schüler zukünftig als Kunden sehen sollen, dann ist er eben König. Und Könige muss man hofieren und darf ihnen keine Anstrengungen abverlangen. "Wie weit sind wir gekommen?" schüttelte plötzlich verzweifelt Dezernentin

Siebenschön ihr Haupt. "Wenn das so weiter geht, werden die Schüler bald überhaupt nichts mehr lernen, geschweige denn vor Lehrern Respekt haben. Obwohl, das haben sie ja schon heute nicht mehr. Alle diese Filmchen, die bereits im Internet kursieren und die die Lehrer lächerlich machen sollen.

"Das Lamentieren bringt uns nun aber auch nicht weiter", kam jetzt von Dezernent Bläm. "Wir kennen alle die Schwierigkeiten, mit denen die Lehrer heute zu kämpfen haben, deswegen sind wir ja hier und deshalb ja auch der Paradigmenwechsel.

""Aber, aber, Herr Kollege, man wird ja wohl noch verzweifelt sein dürfen über die Situation an den Schulen" kommentierte lächelnd Schulleiter Scherzlein.

"Aber was kann das denn dann für uns bedeuten?" Dezernentin Schlau sah ziemlich ratlos von einem zum anderen. „Wir können den Schülern doch keine guten Noten schenken, damit sie ohne

Anstrengung durch den Schulalltag kommen. Das kommt doch spätestens dann raus, wenn sie eine Ausbildung machen sollen."

„Gute Noten zu verschenken, das bringt wirklich nichts. Aber wenn man ganz ehrlich ist, war das doch an ganz vielen Schulen bereits der Fall, ganz besonders an den Hauptschulen. Sie wissen doch auch, warum es jetzt auf einmal in NRW die zentralen Abschlussprüfungen gibt", mischte sich jetzt Dezernent Zweimalklug ein."

„Reiner Selbsterhaltungstrieb der Hauptschullehrer" kam von Dezernet Gernegroß.

„Aber müssen wir denn jetzt nicht wirklich dem Schüler das Leben so angenehm wie möglich machen?" fragte leicht irritiert Dezernentin Siebenschön.

„Aber es soll doch auch darum gehen, dass der Schüler wieder mehr lernt in der Schule, jedenfalls habe ich das so verstanden. Aber wie um alles in der Welt soll das bloß gehen?", verzweifelte Dezernent Sorge.

"Wir müssen die Bedürfnisse unserer Schüler eben richtig einschätzen, dann klappt es auch mit dem Lernen", äußerte sich Dezernentin Immergut optimistisch. "Und dabei könnte uns doch auch die Bedürfnispyramide nach Maslow nützlich sein. Außerdem könnte sie uns dabei helfen, unsere Schüler im Unterricht entsprechend zu motivieren." Die Augen von Dezernentin Immergut glühten richtig und sie schien wild entschlossen, die Idee vom Schüler als Kunden endlich in die Tat umzusetzen.

"Dabei vergessen sie nur eines, Gnädigste", bemerkte süffisant Schulleiter Scherzlein, "nämlich dass ein Verkäufer in aller Regeln immer nur einen Kunden vor sich hat, den er berät, und wir haben im günstigsten Fall vielleicht 23 Schüler vor uns sitzen. Wie sollen wir denn von allen die momentanen Bedürfnisse ermitteln?"

"Da ist was dran", mischte sich jetzt auch Dezernent Zweifel in die Diskussion ein. "Das genau ist ja immer das Problem. Kleine Schülergruppen zu unterrichten ist relativ einfach, weil man gezielt auf die Schüler eingehen kann. Aber in so einer großen Gruppen Lernprozesse zu initiieren, das ist schon weitaus schwieriger."

"Aber es sollte doch trotzdem machbar sein, denn deshalb sind wir ja auch hier. Sonst könnten wir das Ganze ja auch gleich abbrechen", mischte sich Dezernent Zweimalklug ins Gespräch ein.

"Was ist denn mit Schülern, die ein Bedürfnis nach Faulheit haben?" scherzte Schulleiter Scherzlein. "Denn die gibt es, meine Damen und Herren, das können Sie mir glauben. Auf welcher Stufe der Bedürfnispyramide befindet sich wohl dieses Bedürfnis?"

„Lassen Sie uns das bitte morgen erörtern, es ist Zeit für das Abendessen", kam leise von Dezernentin Siebenschön.

„Kinder, wie die Zeit vergeht, wenn man mal wieder richtig arbeiten muss" kommentierte Schulleiter Scherzlein den Einwand.

„Darüber nachzudenken bringt uns nicht weiter", griff Dezernentin Frischauf den Gedanken vom Vorabend wieder auf, „Schüler, die ein Bedürfnis nach Faulheit haben, sind nicht unser Thema, wir sollten lieber überlegen, wie wir alle anderen Schüler mit Hilfe der Bedürfnispyramide motivieren können."

"Aber über eins sollten wir uns im Klaren sein", unterbrach Dezernent Bläm, „alle Schüler kann man nicht erreichen. Es wäre illusorisch, das zu glauben. Und das unterschiedliche Leistungsvermögen muss man ja auch noch berücksichtigen. Es wird so viel über das dreigliedrige Schulsystem geschimpft.

Aber auch in einer Einheitsschule mit Binnendifferenzierung selektiere ich. Vielleicht nicht so extrem, aber mir kommt es so vor, als ob ein Hartz IV Empfänger bei Gucchi einkauft, viel wird er dort für sein Geld nicht bekommen. Und ein nicht so begabter Schüler wird im gymnasialen Unterricht auch nicht viel mitbekommen.

"Dem widersprechen aber neuere Ergebnisse der Unterrichtsforschung", mischte sich Dezernentin Immergut in das Gespräch ein. "Mittlerweile weiß man, dass gerade ein wenig motivierendes Umfeld wie die Hauptschule das Leistungsvermögen der Schüler eher vermindert als erhöht. Auch Hauptschüler profitieren davon, wenn sie mit leistungsstärkeren Schülern in einer Klasse sitzen."

"Ich finde eher, dass die Begabung eines Schülers vergleichbar ist mit dem Geldbeutel eines Kunden. Ein Kunde mit einem gut gefüllten Geldbeutel kann sich vieles leisten, ihm muss nichts geschenkt werden, ebenso wenig wie einem begabten Schüler gute Noten geschenkt werden müssen. Er bekommt sie wegen seiner guten Leistungen. Kurzum, ein Kunde mit einem gut gefüllten Geldbeutel kann sich fast alles leisten, was er möchte, und ein begabter Schüler kann jede Schule besuchen, die er möchte."

"Wo leben Sie denn?", fragte kopfschüttelnd Dezernent Sorge.

"Wir dürfen doch wirklich nicht vergessen, dass bei uns immer noch Voraussetzung ist, dass die Eltern über entsprechende finanzielle Mittel verfügen müssen, wie auch die OECD in ihrer letzten Studie eindeutig nachgewiesen hat. In der Bundesrepublik hängt der schulische Erfolg unverhältnismäßig stark mit dem Elternhaus zusammen. Da hilft die ganze Begabung nichts. Von Chancengleichheit sind wir noch weit entfernt".

20.

„Hoffentlich kann die neue Ausrichtung vom Schüler als Kunden etwas an dieser Situation ändern", kam jetzt etwas zögerlich von Dezernentin Siebenschön. „Wir können es uns einfach nicht leisten, auf das ganze Humankapital zu verzichten", ergänzte Dezernent Bläm, „schließlich sind wir ein rohstoffarmes Land."

„Sie können hoffen, was sie wollen, aber auch in Zukunft wird ein hoch begabter, aber armer Schüler ganz schnell an die Grenzen des Sozialstaates stoßen. Denn wer finanziert ihm die teuren Reisen ins Ausland, die an vielen Gymnasien fester Bestandteil des Lehrplanes sind. Ich weiß nicht, ob der Staat in jedem Fall dafür einspringt. Und was werden seine Klassenkameraden wohl sagen, wenn er ständig in der Kleidung eines Billigimporteurs herumläuft? Und wie sieht es mit seiner Teilnahme an außerschulischen Aktivitäten aus? Tennisspielen, Kino- und Theaterbesuche? Er kann sich höchstens am Wochenende in der Discothek preiswert besaufen, der Flatrate sei Dank. So gesehen leisten die Discotheken-Betreiber doch glatt einen Beitrag zur sozialen Gerechtigkeit. Auch der arme Schlucker kann sich preiswert ins Koma saufen." "Jetzt hören Sie aber auf, das geht doch nun wirklich zu weit" empörte sich Schulleiter Gernegroß. "Das ist ja nun wirklicht makaber, was Sie hier von sich geben." "Er kann keine Klassenkameraden zu sich nach Hause einladen, weil er sich sein Zimmer mit seinen beiden jüngeren Geschwistern teilen muss und sich außerdem auch wegen der beengten Räumlichkeiten vor seinen

Klassenkameraden schämen würde, ach ich könnte diese Liste noch ewig weiterführen..." beendete Dezernent Sorge völlig ungerührt von der Einlassung seines Kollegen Gernegroß die Aufzählung.

21.

"Das ist ja mal ganz was Neues", stichelte Dezernentin Siebenschön, "das bringt uns aber wirklich einen großen Schritt weiter. Wer hätte gedacht, dass wir nicht in der besten aller Welten leben und die soziale Gerechtigkeit noch weit entfernt ist?"

"Aber man sollte doch auch wirklich die Kirche im Dorf lassen", beteiligte sich jetzt auch Dezernent Zweifel an dem Gespräch. "Es wird ja von Seiten der   Kulutsministerekonferenz   und   der Schulministerien wirklich so getan, als ob sich mit der Idee vom Schüler als Kunden alle Probleme des Schulsystems lösen ließen, aber so einfach ist das nun mal nicht. Wir können ja die gesellschaftlichen Verhältnisse nicht einfach auf den Kopf stellen."

"Artet das Ganze jetzt hier etwa in Kapitalismuskritik aus?", meldete sich jetzt wieder Dezernentin Siebenschön zu Wort. "Dann weigere ich mich entschieden, mich weiter an diesem Arbeitskreis zu beteiligen. "Denn das dunkle Kapitel *Kommunismus* ist doch zum Glück ein für alle Male überwunden."

"Noch nicht so ganz, verehrte Frau Kollegin," korrigierte Dezernent Sorge, " wenn ich mal an Kuba und Nordkorea erinnern darf, und auch Venezuela und neuerdings sogar Bolivien..." "Jetzt reicht es aber, wir sind hier nicht auf einer Sitzung der kommunistischen Plattform" unterbrach ihn barsch Dezernent Bläm, der etwas zum Jähzorn neigte. "Sie sind Staatsdiener, mein Herr, da dürften solche menschenverachtenden Ideologien eigentlich keinen Platz in Ihren Gedanken haben. Schlimm genug, dass die SED bereits in Gesamtdeutschland Einzug gehalten hat."

Dezernentin Immergut summte leise vor sich hin "Die Gedanken sind frei..."

"Mit SED meinen Sie sicher die Linkspartei, Herr Kollege. Ich denke aber, dass es noch menschenverachtendere Ideologien in der Vergangenheit gegeben hat als den Kommunismus", stichelte Dezernent Sorge weiter. Dezernent Bläm lief rot an vor Wut, erwiderte aber nichts. "Die Angst vor dem Gespenst des Kommunismus scheint aber bei einigen immer noch sehr groß zu sein" lächelte Dezernentin Frischauf, die wirklich nicht im Verdacht stand, besondere Sympathien für linke Ideen zu hegen. "Ich bitte Sie, meine Damen und Herren, solche fruchtlosen Diskussionen bringen uns doch jetzt wirklich nicht weiter" bereitete Dezernent Zweimalklug der Auseinandersetzung ein Ende. "Wir haben nur noch wenige Tage Zeit und müssen doch irgendwie zu einem Ergebnis kommen. Wie stehen wir denn da, wenn wir nach Ablauf der zwölf Tage kein vernünftiges Konzept vorweisen können?"

"Wir kommen so wirklich nicht weiter", stimmte Dezernentin Immergut zu. Wir werden nicht umhin kommen, den Verkaufstrainer um Hilfe zu bitten. Er wird ja schließlich außerordentlich gut dafür bezahlt, dass er die Idee vom Schüler als Kunden mit uns gemeinsam umsetzt. Er kann sich ja nicht einfach aus der Verantwortung stehlen und uns alles alleine machen lassen. Er soll uns mal zeigen, ob er sein

Geld wirklich wert ist."

22.

Der Verkaufstrainer, der es sich am Pool des wunderschönen Tagungshotels gemütlich gemacht hatte und dafür pro Tag 10000 Euro kassierte, blickte etwas missmutig, als Dezernentin Immergut auf einmal vor ihm stand und ihn aufforderte, ihr in den Tagungsraum zu folgen. "Eigentlich war nur vorgesehen, dass ich Ihnen Anregungen gebe, die Umsetzung sollten Sie alleine bewerkstelligen. Wenn ich das geahnt hätte, hätte ich glatt das doppelte Honorar verlangt", war sein knapper Kommentar. Schließlich aber zog er sich ein T-Shirt und eine Jeans über und begleitete Dezernentin Immergut in den Tagungsraum. Dort saßen völlig ratlos die übrigen Mitglieder des Planungsstabes und sahen den Verkaufstrainer erwartungsvoll an. "Wir kommen nicht weiter", begrüßte ihn schließlich Dezernentin Siebenschön. „Wir verzetteln uns immer wieder und wissen einfach nicht, wie wir bestimmte Erkenntnisse aus dem Verkauf auf unsere Schüler übertragen können. So langsam zweifeln wir an, ob das überhaupt möglich ist. Wie kann es uns denn gelingen, die Schüler von unserem Unterricht zu überzeugen? Gibt es eigentlich gewisse Verkaufstricks, mit denen man einem Kunden eine bestimmte Ware schmackhaft machen kann? So etwas brauchen wir nämlich für unsere Schüler. Wir müssen ihnen ja den Unterricht wieder schmackhaft machen, damit sie auch wieder daran teilnehmen und die Zahl der Schulschwänzer nicht noch weiter steigt. Bei einigermaßen intelligenten Schülern ist das vielleicht kein so großes Problem, aber was machen wir mit Schülern, die Schwierigkeiten mit dem Lernen haben? Das sind ja auch meistens die chronischen Schulschwänzer. Ihnen den Unterricht schmackhaft zu machen erscheint mir fast unmöglich."

„Hmm", gab der Verkaufstrainer von sich, „lassen Sie mich mal kurz nachdenken. Übertragen auf den Verkauf könnte man doch fragen, wie sich beispielsweise teure Ware verkaufen lässt bei Kunden, die nicht so viel Geld haben. Wie kann man es verhindern, dass der Preis sie erschreckt? Ist das in etwa eine vergleichbare Situation? Was meinen Sie? Sie wollen doch wissen, wie man es schaffen kann, dass Schüler, die nicht zu den geistigen Überfliegern gehören, trotzdem bereit sind sich anzustrengen und Freude an den einzelnen Fächern haben? Wie schafft man es, dass sie nicht erschrecken, wenn man einen Grammatikexkurs ankündigt?"

„Ganz genau, das wüssten wir alle nur zu gerne", bestätigte Dezernentin Siebenschön.

„Das erkläre ich am besten mit einem Vergleich", begann der Verkaufstrainer seine Ausführungen.

Die Mitglieder des Planungsstabes lauschten gespannt, was jetzt wohl kommen würde.

23.

"Einige von Ihnen erinnern sich vielleicht noch an die fünfziger Jahre, auch wenn Sie diese nicht persönlich miterlebt haben. Aber aus den Erzählungen Ihrer Eltern ist Ihnen vielleicht manches bekannt. Damals waren die meisten Menschen unglaublich prüde. Heute, wo das Baden ohne Bikinioberteil keinen Menschen mehr aufregt, kann man sich das gar nicht mehr vorstellen. Aber was glauben Sie, wie die Menschen damals reagiert haben, wenn sie im Film nackte Menschen sahen? Ja, völlig richtig", beantwortete der Trainer die gestellte Frage selbst, „sie waren entsetzt. Als Hildegard Knef, sie ist Ihnen hoffentlich noch ein Begriff, in dem Film "Die nackte Sünderin" für kurze Zeit unbekleidet zu sehen war, entrüstete sich ganz Deutschland. Besonders erzürnt war die katholische Kirche und rief sogar öffentlich zum Boykott des Films auf. Das allgemeine Entsetzen über den Film ging so weit, dass die Karriere von Hildegard Knef vor dem Aus stand, denn sie bekam keine Filmangebote mehr. Sie war gezwungen ihr Heimatland zu verlassen und nach Amerika zu gehen, weil sie mit ihrem Nacktauftritt ein Tabu gebrochen hatte. So schlimm war es zur damaligen Zeit nackt zu sein." Der Trainer blickte in die Runde der sechzehn Vertreter der einzelnen Bundesländer, aber sie schienen völlig unbeeindruckt von seiner Geschichte. In Wirklichkeit waren mit ihren Gedanken ganz weit fort.

„Der Typ steht auf Hildegard Knef, wer hätte das gedacht" ging Schulleiter Scherzlein gerade durch den Kopf. "Schade, dass ich den Film nicht gesehen habe. Die nackte Hildegard Knef würde mich schon interessieren. Ob es den Film wohl auf DVD gibt?" Schnell machte sich Schulleiter Scherzlein eine Notiz in sein Heft mit drei Ausrufezeichen dahinter Er würde, wenn er wieder zu Hause war, sofort versuchen, den Film auf DVD zu bekommen.

„Kritik an der katholischen Kirche, das hätte ich mir denken können, der Mann ist bestimmt Protestant oder vielleicht sogar Atheist." Dezernentin Immergut schüttelte sich innerlich.

„Wieso Männer immer so scharf darauf sind, nackte Frauen im Film zu sehen" fragte sich gerade in Gedanken Dezernentin Siebenschön. „Nackte Männer werden eigentlich kaum gezeigt im Fernsehen. Da fragt man sich doch, warum das so ist?" Dezernentin Siebenschön geriet ins Grübeln und überlegte, wann sie zuletzt einen nackten Mann im Fernsehen gesehen hatte.

Alle anderen Mitglieder dachten Ähnliches und der Verkaufstrainer kam nicht umhin, ob der dumpf vor sich hin schweigenden Mitglieder des Entwicklungsstabes zu bemerken, dass er mit diesem Vergleich wohl nicht gerade ins Schwarze getroffen hatte.

„Beim nächsten Mal nehme ich wieder die Hardcore-Variante", nahm er sich vor. „Hildegard Knef lenkt einfach zu sehr ab."

Die Hardcore-Variante hatte der Trainer dieses Mal vermieden, weil er sich gedacht hatte, Political Correctnes sei angesagt bei einem Gremium von Dezernenten und Schulleitern. Und politisch korrekt war die Hardcore-Variante vom nackten Preis so ganz und gar nicht. Es gab sie in drei Varianten:

a) Dicke nackte Frau

b) Dicker nackter Mann

c) Mann oder Frau mit ekelerregender Hauterkrankung

Zu jeder dieser drei Figuren erfand der Trainer in seinen Seminaren eine Geschichte.

Ein Mann oder eine Frau (je nachdem, wer das Seminar gerade gebucht hatte), traf völlig unvorbereitet auf einen dicken nackten Mann bzw. auf eine dicke nackte Frau, der/die mitten in seinem/ ihrem Hotelzimmer auf einem Schemel saß. Beim Anblick dieser Figur erschreckte er/sie sich fast zu Tode. (Die Variante mit der ekelerregenden Hauterkrnakung wurde immer dann gewählt, wenn viele Übergewichtige das Seminar gebucht hatten).

Entsprechend pathetisch vorgetragen rüttelte diese Geschichte bei seinen anderen Verkaufstrainings die Seminarteilnehmer immer so richtig auf, die meisten schüttelten sich vor blankem Entsetzen und vergaßen sie nie wieder. Was ja auch Sinn und Zweck dieses Vortrags war. Die abschließende Pointe lautete:

„Genau so, wie dieser nackte Mann (diese nackte Frau) den armen Hotelgast zu Tode erschreckt hat, genau so erschreckt der nackte Preis den Kunden. Deshalb verpacken Sie den Preis immer, immer, immer in Nutzen für den Kunden." Das „Immer" musste unbedingt drei Mal wiederholt werden, sonst wirkte das Ganze nicht so einprägsam.

Obwohl der Trainer nun aber wusste, dass die Dramatisierung kaputt war und er die Softvariante vom nackten Preis nicht mehr retten konnte, beendete er tapfer seinen Vortrag, indem er fortfuhr: „Und genau so entsetzt wie die meisten

Menschen in den fünfziger Jahren auf die nackte Hildegard Knef reagiert haben, genau so entsetzt reagieren die meisten Kunden auf den nackten Preis und die meisten Schüler auf das nackte Unterrichtsfach. Der nackte Preis und das nackte Unterrichtsfach sind fast immer tödlich. Sicher haben Sie es alle schon mal erlebt, dass Ihre Schüler die Augen verdrehten, als Sie ihnen ankündigten, das nächste Thema werde die Interpretation von Kurzgeschichten sein. „Kann ich nicht, will ich nicht, weiß ich nicht, schrecklich, langweilig", das sind die Gedanken, die Ihren Schülern dabei durch den Kopf gehen. Deshalb verpacken Sie Ihren Unterricht immer, immer, immer in Nutzen für den Schüler."

Die Mitglieder des Planungsstabes beendeten ihre vom Trainer nicht beabsichtigten Phantasiereisen und kehrten mit ihren Gedanken langsam ins Hier und Jetzt zurück.

„Wie geht denn das, den Unterricht verpacken? Könnten Sie das bitte mal etwas genauer erklären?", fragte misstrauisch Dezernent Zweifel.

„Aber mit dem größten Vergnügen" entgegnete der Verkaufstrainer, „allerdings ist es heute schon etwas spät geworden. Lassen Sie uns aber gleich morgen früh damit anfangen. Vielleicht sehen wir uns später noch beim Abendessen."

24.

„Gestatten Sie mir bitte, dass ich mit dem Verpacken des Preises beginne, denn damit kenne ich mich besser aus und es dürfte Ihnen trotzdem deutlich machen, wie es geht, das Verpacken des Unterrichts" startete der Trainer gleich am Morgen nach einer kurzen Begrüßung. „Beim Verpacken des Preises packen Sie, bildlich gesprochen, den Preis ein. Und zwar so, dass der Kunde so von der Verpackung abgelenkt ist, dass er den Preis kaum bemerkt. Die Verpackung, die Sie dabei verwenden, ist der Nutzen des Produktes für den Kunden. Der Kunde hört also statt des Preises zuerst nur den Nutzen. Denn, so müssen Sie wissen, kein Mensch möchte Ware kaufen und noch weniger möchte er etwas dafür bezahlen, aber jeder möchte den mit der Ware verbundenen Nutzen haben. Ein kleines Beispiel soll dies verdeutlichen:

Stellen Sie sich vor, Sie wollen einen neuen Flachbildfernseher kaufen und haben sich bereits im Geschäft etwas umgesehen.

Ihr Blick ist auf ein schönes Gerät mit einem besonders schmalen roten Rahmen gefallen, das genau zu Ihren übrigen Möbeln passen würde. Leider steht kein Preis am Gerat und Sie fragen den Verkäufer, was dieses Gerät denn kosten solle. Die prompte Antwort lautet: Das Gerät kostet 2400 Euro. Was denken Sie als erstes?"

Der Verkaufstrainer blickte in die Runde. „Viel zu teuer" kam es von fast allen Mitgliedern des Entwicklungsstabes.

„Und was würde passieren, wenn ich Sie nachträglich über die Vorzüge des Gerätes aufklären würde?", fragte der Trainer weiter.

„Den Preisschock müsste ich erst einmal verdauen", so Schulleiter Scherzlein. „Der Schock säße schon tief."

„Aber was könnte der Verkäufer denn statt dessen sagen, schließlich hat der Kunde ja gezielt nach dem Preis gefragt?, insistierte Dezernentin Frischauf.

„Das werden Sie sofort erfahren", lächelte der Verkaufstrainer, „statt dessen könnte ich sagen:

Das Besondere an diesem Fernseher ist sein mehrfach prämiertes Design, das ihn sogar in ausgeschaltetem Zustand zu einem Blickpunkt in jeder Wohnung werden lässt. Er ist leicht an der Wand zu befestigen und Sie haben für einen Preis von 2400 Euro, das wären, falls Sie einen Ratenkauf bevorzugen, gerade mal 49,90 Euro monatlich bei einer Laufzeit von 60 Monaten, das Beste, was zur Zeit auf dem Markt ist,. Die Lautsprecher haben eine enorme Leistung und Sie glauben bei Musiksendungen, dass Sie in einem Konzertsaal sitzen. Aber überzeugen Sie sich selbst von diesem einmaligen Klang."

"Tja, das klingt wirklich besser als der nackte Preis", gab Dezernentin Immergut zu.

"Trotzdem muss man die 49,90 Euro im Monat auch erst mal haben", bemängelte Dezernentin Zweifel.

"Das wird bei Ihren Schülern nicht anders sein, wie ich eingangs schon sagte. Selbst mit der trickreichsten Unterrichtsplanung und Motivation werden Sie aus einem mittelmäßig begabten Schüler kein Genie machen können, wenn wir ehrlich sind", grinste der Verkaufstrainer. "Und die Kunst des Verkaufens ist es eben, auf Kundensignale zu achten zu und zu erkennen, was sich ein Kunde wohl leisten kann. Auch Sie müssen ja das Leistungsvermögen Ihrer Schüler einschätzen können und sollten nichts verlangen, was diese nicht zu leisten imstande sind. "

"Stimmt , meinte nachdenklich Dezernent Zweifel, "ein überforderter Schüler kann schnell aggressiv werden. Erst recht, wenn er sich vor der Klasse blamiert sieht."

"Aber das Beispiel hat Ihnen hoffentlich deutlich gemacht, dass Sie einen Schüler erst einmal vom Nutzen des Unterrichtsstoffes überzeugen müssen, bevor er überhaupt bereit ist, sich damit eingehender zu beschäftigen. So wie ein Kunde nur dann bereit ist, seine finanziellen Mittel voll auszuschöpfen, wenn der Verkäufer ihm den

Nutzen der Ware überzeugend aufgezeigt hat, so wird auch ein Schüler nur dann bereit sein, sein Leistungsvermögen voll auszuschöpfen, wenn der Lehrer ihm den Nutzen des Unterrichtsstoffes entsprechend schmackhaft gemacht hat. Da kann man von den Staubsaugervertretern einiges lernen. Die wirklich guten verkaufen sogar Leuten einen Staubsauger, die gar keinen Teppich besitzen. Das mag zwar moralisch verwerflich sein, aber wie sagt man so schön: "Der Zweck heiligt die Mittel" und wir müssen ja schließlich alle leben.

Nachdenklich blickte Dezernent Zweifel auf den Trainer. „Zum Kauf des Flachbildfernsehers habe ich aber noch eine Frage", meinte er. „Ich finde, dass der Vergleich etwas hinkt. Einen Kunden, der einen Flachbildfernseher kaufen will, kann ich doch viel leichter überzeugen als einen Schüler, der lernen soll. Der Kunde muss die Summe nicht mühsam ansparen, er hat quasi sofort den Nutzen. Die Anstrengung des Sparens kommt erst später, wenn er ihn abbezahlen muss. Beim Schüler ist es doch genau umgekehrt. Er kann die Früchte seiner Arbeit erst später ernten, das macht die Sache komplizierter."

Begeistert nickte der Trainer. „Ich sehe, Sie denken mit. Genau deshalb sollten Sie sich überlegen, wie Sie den Schülern zwischendurch kleine Erfolge sichern können, damit diese nicht die Lust verlieren und sich auch weiterhin anstrengen. Kleine Teilsiege sind manchmal schon die halbe Miete. Nennen Sie Ihren Schülern das Fernziel und formulieren Sie gemeinsam mit ihnen kleine Etappenziele. Machen Sie Ihren Unterricht transparent für die Schüler. Das gibt ihnen

Sicherheit und Sicherheit, Sie erinnern sich, ist ein wichtiges menschliches Bedürfnis. Und wenn Ihre Schüler erkennen, dass sie die ausgehandelten Etappenziele tatsächlich erreichen, dann sind sie motiviert. Die Etappenziele müssen allerdings realistisch sein. Es ist wie beim Ratenkauf. Wenn man nur ein geringes Einkommen hat, kann man sich keine hohen Raten leisten. Die Raten müssen zum Einkommen passen. Und so ist es auch bei Ihren Schülern. Die Etappenziele müssen zum Leistungsvermögen ihrer Schüler passen.

25.

Aber alle Verkaufstechniken und verkaufspsychologischen Kniffe helfen nicht", fuhr der Trainer fort, „wenn die richtige Einstellung fehlt. Was genau unterscheidet wohl einen erfolgreichen von einem erfolglosen Verkäufer?", fragte der Trainer in die Runde hinein. „Die Verkaufszahlen", kam es von verschieden Seiten.

„Wirklich nur die Verkaufszahlen?" zweifelte der Trainer. Er blickte in ziemlich ratlose Gesichter.

„Verkaufszahlen sind sicher wichtig", fuhr er deshalb fort, „aber viel wichtiger ist etwas ganz anderes: Die innere Haltung. Dazu ein kleines Beispiel:

Der erfolglose Verkäufer fährt in die Wüste, sieht, dass dort alle Menschen barfuß laufen und faxt seinem Chef, dass für Sandalen dort kein Absatzmarkt sei, weil alle Leute barfuß liefen und deshalb keine Schuhe benötigten. Der erfolgreiche Verkäufer fährt in die Wüste, sieht, dass alle Leute dort barfuß laufen und faxt seinem Chef, er solle schon mal die Produktion von Sandalen ankurbeln, denn er sehe einen riesigen Absatzmarkt, weil alle Leute Schuhe bräuchten."

„Aber was hat das mit einem Lehrer zu tun", fragte jetzt ziemlich ratlos Dezernent Bläm, „Schuhe verkaufen gehört ja nicht zu seinen Dienstobliegenheiten.

„Ich bin noch nicht fertig", verteidigte sich der Verkaufstrainer, „es geht noch weiter. Auch für den Lehrer ist die innere Haltung entscheidend. Ein erfolgloser Lehrer sieht nur, was seine Schüler nicht wissen, können oder wollen und gibt innerlich auf. Er orientiert sich ausschließlich an den Defiziten der Schüler. Der erfolgreiche Lehrer orientiert sich an den Kompetenzen seiner Schüler und sieht das, was sie noch nicht gut beherrschen, als Herausforderung an.

<u>26.</u>

Neben der inneren Haltung spielt natürlich auch die Begeisterung für das eigene Produkt eine Rolle. Ein Verkäufer, der von seiner Ware nicht überzeugt ist, wird natürlich auch seinen Kunden nicht davon überzeugen können. Der Kunde wird es ihm anmerken, denn der Verkäufer wird sich unbewusst verraten, auch wenn er alle Verkaufsargumente verbal überzeugend vorträgt. Er kratzt sich vielleicht am Ohr, zieht die Augenbrauen zusammen, blickt den Kunden nicht an, während er die Vorteile der Ware preist, wirkt nervös, spricht zu schnell oder zu leise. Das alles sind Zeichen dafür, dass er von seiner Ware nicht überzeugt ist. Und genauso verhält es sich natürlich auch bei einem Lehrer. Ein Lehrer, der schon so wirkt, als sei er von seinem eigenen Unterricht gelangweilt, fällt bei den Schülern durch. Nur ein Lehrer, der von seinem Unterricht überzeugt ist, wird die Schüler begeistern können. Denn wie sagte schon der gute alte Plutarch? ´Ein Mensch ist kein Eimer, den man mit

Wissen füllt, sondern ein Feuer, das es zu entfachen gilt.´ Leider vergessen das viele Lehrer, die den Frontalunterricht immer noch für die effektivste aller Unterrichtsmethoden halten.

Und von Augustinus stammt ein ähnlicher Ausspruch: "Nur wer da selbst brennt, kann andere entzünden." Und es ist nun einmal der Lehrer, der die Schüler entzünden muss. Und das kann er nur, wie schon gesagt, wenn er selber brennt. Also merken Sie sich den folgenden Satz: "Nur ein Lehrer, der von seinem eigenen Fach begeistert ist, vermag auch seine Schüler dafür zu begeistern."

27.

Um noch einmal auf unseren Wüstenverkäufer von gestern zurückzukommen", fuhr der Verkaufstrainer am nächsten Morgen fort, als alle nach einem ausgezeichneten Frühstück gut gelaunt im Seminarraum saßen, „etwas dürfen wir natürlich keinesfalls außer Acht lassen, der optimistische Verkäufer muss bei aller Begeisterung und innerer Haltung die Wüstenbewohner auch vom Nutzen der Schuhe überzeugen können. Und dazu muss er sich entsprechende Argumentationen überlegen. Was allerdings nicht schwer fallen dürfte, denn Sandalen schützen nun mal davor, mit der blanken Fußsohle auf Schlangen, die sich im Sand verstecken, auf Salamander. Skorpione und ähnliches Getier zu treten und sich dadurch ernsthaft zu gefährden. Und wenn die Wüstenbewohner das begriffen haben, werden sie bei den Sandalen natürlich sofort zugreifen. Genau so muss selbstverständlich auch der erfolgreiche Lehrer seine Schüler vom Nutzen des Unterrichts überzeugen und sich entsprechende Argumentationen überlegen. Aber die innere Einstellung ist die Grundvoraussetzung für den Erfolg. Wenn ein Lehrer selbst nicht daran glaubt, mit seinem Unterricht etwas bei den Schülern zu erreichen, wie sollen es dann die Schüler tun?

Dem Lehrer muss es gelingen, die Schüler durch gute Argumente vom Nutzen seines Unterrichts zu überzeugen. Aber die Argumente kennen natürlich nur die Lehrer, dabei kann ich Ihnen nun wirklich nicht helfen, bekannte der Verkaufstrainer. Aber so viel ist sicher: Jeder Schüler möchte wissen, was er mit dem, was er in der Schule lernt, später anfangen kann. Wozu das gut sein könnte oder ist. Keiner will etwas lernen, was er für sinnlos hält."

„Irgendwie erinnert mich das Ganze an den guten alten Klafki und seine Didaktische Analyse. Klafki hat ja schon vor mehr als 40 Jahren gefordert, dass sich jeder Lehrer, wenn er seinen Unterricht plant, vergegenwärtigen soll, was der Schüler an diesem Unterrichtsgegenstand exemplarisch lernen kann. Wozu gerade in dieser Stunde das Leben des Ameisenbären durchgenommen wird.

Dieses Denken ist bei den ganzen Methodendiskussionen der letzten Jahre auf der Strecke geblieben. Es ging nur noch um dass Wie und nicht mehr um das Warum. Wie bringe ich beispielsweise einem Schüler das Leben des Ameisenbären nahe. Aber warum es dem Schüler nahegebracht werden soll, hat keiner mehr gefragt. Und seien wir doch mal ehrlich. Welcher Schüler interessiert sich schon für Ameisenbären? Doch höchstens der Sohn oder die Tochter eines Zoologen", beendete Schulleiter Weitblick seinen

Einwurf.

„Für Ameisenbären interessieren sich wahrscheinlich wirklich nicht so viele", bemerkte Dezernentin Siebenschön, „aber für den kleinen Eisbären Knut haben sich erstaunlich viele Leute interessiert. Woran das wohl gelegen hat? "

„Das lag am Kindchenschema. Jetzt, wo Knut kein niedliches Kuschelbärengesicht mehr hat, interessiert sich auch keiner mehr für ihn", so Dezernent Bläm.

"Aber seine Geschichte hat die Menschen auch berührt", meinte Dezernentin Frischauf. "Von der eigenen Mutter verstoßen und von Menschenhand aufgezogen, so etwas lieben die Menschen eben."

"Und genau so sollte es Ihnen gelingen, Ihre Schüler zu berühren", meldete sich nun wieder der Verkaufstrainer zu Worte.

"Das mit dem Berühren eines Schülers könnte gefährlich werden", so Schulleiter Scherzlein "da könnten Sie ganz schnell eine Anzeige wegen sexueller Belästigung am Hals haben."

<u>28.</u>

„Eine wichtige Sache hätte ich fast vergessen" schämte sich der Verkaufstrainer nach der zweiten Kaffeepause, nachdem er schnell noch einmal das gesamte Pensum für das Verkaufstraining durchgegangen war. „Eigentlich bin ich auch etwas verwundert, wieso von Ihrer Seite bisher keine Fragen dazu gestellt worden sind."

Der Planungsstab blickte erwartungsvoll auf den Trainer. Im Grunde genommen hatten sie schon ziemlich viel erfahren. Es war zwar nicht alles wirklich neu gewesen, aber das Ganze mal aus einem anderen Blickwinkel zu betrachten, hatte ihnen bisher doch einigen Spaß bereitet.

„Was muss einem Verkäufer im Vorfeld immer gelingen, wenn er einen Verkauf erfolgreich abschließen will?", insistierte der Trainer.

Er muss den Kunden vom Nutzen der Ware überzeugen", kam es wie aus der Pistole geschossen vom Entwicklungsstab.

„Früher, viel früher", drängte der Trainer „das ist

eigentlich die Grundvoraussetzung. Ich bin mir eigentlich auch ziemlich sicher, dass es in der Schule ähnlich ist."

„Der Kunde muss sich überhaupt erst einmal für die Ware interessieren, die ich ihm verkaufen will", kam jetzt von Dezernentin Frischauf.

„Ganz genau", strahlte der Trainer. „Einem guten Verkäufer muss es gelingen, die Aufmerksamkeit des Kunden auf die Ware zu lenken, die er verkaufen will. Selbst Kunden, die schon ein Produkt gekauft haben, verkauft ein guter Verkäufer noch zusätzlich etwas und sichert so seinen Arbeitsplatz oder erhöht seine Provision. Wie aber schafft man es, die Aufmerksamkeit des Kunden auf das Produkt zu lenken? Man muss ihn neugierig machen. Hat man das erreicht, muss man nur noch die richtigen Motivationsknöpfe drücken und das gewünschte Programm läuft ab. Es ist wie bei einer Waschmaschine. Wenn Sie ein bestimmtes Waschergebnis erzielen wollen, stellen Sie ein entsprechendes Waschprogramm ein. Sie müssen sich also, bevor Sie die Maschine starten, darüber im Klaren sein, wie die Wäsche gewaschen werden soll. Haben Sie dann ein entsprechendes Programm gedrückt, läuft alles Weitere automatisch ab. Dann ist es schwierig, das wieder zu stoppen.. Genauso verhält es sich bei Ihren Schülern. Gelingt es Ihnen zu Beginn des Unterrichts, die richtigen Motivationsknöpfe zu drücken, dann läuft auch bei diesen ein entsprechendes Programm ab und Sie haben es leichter, mit Ihrem Unterricht durchzukommen. Also sollten Sie sich, bevor Sie zu ihren Schülern in die Klasse gehen, genau überlegen, welche Motivationsknöpfe zu drücken sind.

„Ach so, das wissen wir, es gibt verschiedene Möglichkeiten der Unterrichtseinstiege", kam jetzt von Schulleiter Scherzlein. Aber interessant, dass es im Verkauf fast so ähnlich ist wie in der Schule.

„Aber einen ganz grundsätzlichen Unterschied gibt es trotzdem noch", kam jetzt von Dezernentin

Schlau, die während der letzten Sitzungen eigentlich immer ziemlich ruhig gewesen war.

„Was genau meinen Sie, Gnädigste", säuselte süffisant der Verkaufstrainer.

„Ein guter Verkäufer", fuhr Dezernentin Schlau fort, „wendet sich immer nur einem Kunden zu, dem er etwas verkauft, dem Lehrer sitzt aber nicht nur ein Schüler gegenüber, auf den er eingehen, ihn neugierig machen und dem er den individuellen Nutzen vom Unterrichtsstoff aufzeigen kann, wie es dem Verkäufer möglich ist. Ihm sitzen im günstigsten Fall mindestens 25 Schüler gegenüber."

29.

"Daran habe ich, ehrlich gesagt, auch schon gedacht" kam jetzt zustimmend von Dezernent Zweifel „und je länger ich darüber nachdenke, desto größer wird meine Skepsis, ob sich die Idee vom Schüler als Kunden bis ins Letzte überhaupt durchsetzen lässt. Denn denken Sie doch mal nach, wenn man sich die Sache mit dem Schüler als Kunden mal vor Augen hält, dann kommt man doch nicht umhin festzustellen, dass der Kunde sich jederzeit aussuchen kann, was er haben möchte, wo, bitte schön, kann denn das der Schüler? Der Kunde wählt das aus, was seinen Interessen entspricht und wovon er sich den größten Vorteil erhofft, davon kann ein Schüler nur träumen. Und wenn man es ganz genau nimmt, so ist der Schüler, zumindest in ganz jungen Jahren, immer von der Entscheidung anderer abhängig. Geht es um den Besuch der weiterführenden Schule, so entscheidet nicht der Schüler, sondern es entscheiden seine Eltern und neuerdings wieder die Grundschullehrer für ihn. Er hat keine Wahl. Und es geht noch weiter. Er kann nicht entscheiden, ob er das Abitur machen möchte, es liegt zum größten Teil an seiner Herkunft, wie Studien eindeutig gezeigt haben, und dann auch noch an seiner Begabung. Aber diese Diskussion hatten wir ja schon mal. Auch ein Kunde unterliegt selbstverständlich gewissen Einschränkungen, und trotzdem hat er im Vergleich zum Schüler die größeren Freiheiten."

"Es ist eine Illusion zu glauben, dass der Kunde tatsächlich eine Wahl oder auch nur die größeren Freiheiten als ein Schüler hat", kam jetzt der Einwand des Verkaufstrainers. "Der Kunde wird mit Hilfe verkaufspsychologischer Tricks mittlerweile so manipuliert, dass er gar nicht merkt, wie andere bereits für ihn entschieden haben. Und auch die Wahl der Produkte, die er kauft, ist geprägt durch die Manipulation, die er vorher erfahren hat. Diesen Vorgang nennt man Werbung, meine Damen und Herren. Ein Verkäufer hat tatsächlich immer nur einen Kunden, den er intensiv berät, das ist wahr, aber die Werbung spricht Millionen von Verbrauchern an. Wie schafft sie das? Indem sie gezielt die Bedürfnisse der Kunden anspricht, denn die Bedürfnisse sind ja bei allen Menschen gleich, es befinden sich nur nicht alle Menschen zur selben Zeit auf derselben Stufe. Und so könnten sich auch die Lehrer vor Ort mit entsprechender Ansprache die Arbeit erheblich erleichtern. Aber die Reden von Lehrern sind häufig durch unbewusste negative Formulierungen unwirksam. Ich werde Ihnen gleich dafür einige Beispiele geben. Dazu gibt es übrigens auch ein Extraseminar, denn ich muss ja auch leben. Außerdem muss Rhetorik in Rollenspielen trainiert werden. Die einfache Kenntnis der besseren Formulierungen hilft überhaupt nichts, da ist es wie mit dem Tanzen. Wenn ich die Walzerschritte kenne, kann ich trotzdem noch keinen Walzer tanzen. Aber ich schweife ab. Um auf die groß angelegte Manipulation durch Werbung zurückzukommen, wäre es nicht denkbar, den Schülern regelmäßig unterschwellig mitzuteilen, wie wichtig Lernen ist und dass Lernen Spaß macht? Denn dazu ist man heute ohne weiteres in der Lage. Dem Schüler könnten beispielsweise in der Schule immer kurze visuelle Werbesequenzen vorgespielt werden, mit entsprechenden Botschaften, und zwar so subtil, dass er es gar nicht bewusst wahrnimmt. Ein Beamer könnte zu diesem Zweck in der Decke versteckt werden. Oder die Botschaft könnte auch nur akustisch aufgenommen werden. Obwohl es mit Bildern wahrscheinlich besser funktionieren würde. Der Schüler würde es mit der Zeit verinnerlichen und den Wahrheitsgehalt gar nicht mehr anzweifeln. Und Sie hätten erheblich weniger Aufwand an den Schulen. Akustisch könnte man den Schülern beispielsweise während des Unterrichts oder auch eingebaut in Songtexte einflüstern:

"Unterricht ist *in*, da musst du hin"
oder

"Geht nicht, gibt´s nicht."

oder

"Wer was leistet, kann sich was leisten."

oder

"Wer gefordert wird, wird gefördert."

oder

"Lernen lohnt sich."

"Mein lieber Mann, damit wäre der freie Wille eines Menschen ja komplett aufgehoben", empörte sich Dezernent Zweimalklug. So wünschenswert es ist, dass Schüler fleißig lernen, es sollte aber bitte nicht durch unterschwellige Suggestion zustande kommen."

"Sie sind aber ganz schön naiv", konterte der Verkaufstrainer, "was glauben Sie denn, wodurch Dinge überhaupt zustande kommen? Wenn führende Politiker Lehrer als faule Säcke diffamieren, dann ist das doch bereits Suggestion und damit ist dann auch das negative Bild des Lehrers in der Öffentlichkeit verknüpft. Und das manipuliert natürlich auch die Eltern und nicht zuletzt die Schüler. Und wer muss das Ganze ausbaden? Sie, oder vielmehr die Lehrer vor Ort."

"Na ja, wir können das Ganze ja mal als Anregung an die Regierung weitergeben", beendete Dezernent Weitblick die weitere Diskussion.

30.

"So, kommen wir nun zu einigen wichtigen Punkten, die der Verkäufer im Umgang mit seinen Kunden beachten sollte und die der Lehrer für seinen Unterricht nutzen kann. Im Umgang mit dem Kunden geht es darum, dessen Selbstbewusstsein zu stärken, eine gute Beziehung zu ihm aufzubauen und eine angenehme, verkaufsfördernde Atmosphäre zu schaffen. Das können Sie eins zu eins auf die Schüler übertragen. Denn auch im Unterricht geht es darum, das Selbstbewusstsein des Schülers zu stärken, eine gute Beziehung zu ihm aufzubauen und eine angenehme Lernatmosphäre zu schaffen. Wie aber schaffe ich das? Dazu müssen Sie wissen, dass jeder Mensch nach Bejahung und Zustimmung strebt. Erfährt er diese nicht, kratzt das gehörig an seinem Selbstwertgefühl und die Gesprächsatmosphäre wird ziemlich vergiftet. Ich muss also erst einmal alles tun, um dem Kunden, und in Ihrem Fall dem Schüler, deutlich zu machen, dass ich ihn bejahe. Wie aber mache ich das? Da gibt es verschiedene Punkte, die es zu beachten gilt. So muss ich dem Schüler in Ruhe zuhören, wenn er was sagt, und ihn aussprechen lassen ohne zu unterbrechen. Ein weiterer wichtiger Punkt ist es, ihn mit seinem Namen anzusprechen. Ich muss ihn angemessen loben, denn jeder Mensch freut sich über ein Lob, aber wir alle neigen leider dazu, mehr zu kritisieren als zu loben. Obwohl man mit einem Lob viel mehr erreicht als mit einem Tadel. Tja, wir Menschen sind schon merkwürdige Wesen und machen uns selbst das Leben oft unnötig schwer", geriet der Tainer jetzt ins Nachdenken. „So genannte Killerphrasen wie ´**Das ist ja wieder einmal typisch für dich´** oder ´**Von dir war ja auch nichts**

anderes zu erwarten´, wenn ein Schüler mal mit einer Antwort daneben liegt, setzen ihn herab. Sie erhöhen die Spannung nur noch. Auch meine Gestik ist im Umgang mit dem Kunden bzw. Schüler sehr wichtig. Eine wegwerfende Handbewegung oder das Verdrehen der Augen signalisieren das Gegenteil von Bejahung.

Das sind nur einige Punkte, meine Damen und Herren, aber Sie sehen, es gibt viel zu tun. Das eigentliche Wissen um diese Vorgänge reicht alleine allerdings nicht aus. Verhaltensänderungen sind nur schwer herbeizuführen. Das muss trainiert werden und das kann man nur in Rollenspielen. Sie sehen, es wird jede Menge Arbeit auf Sie zukommen nach unserem kleinen Verkaufstraining.

31.

Im Verkauf gibt es übrigens viele so genannte Killerphrasen, die einen erfolgreichen Abschluss verhindern, und so ist es auch im Unterricht. Es gibt auch hier zahllose Phrasen, die einen erfolgreichen Unterricht verhindern. Oder was halten Sie von einem Lehrer, der die Interpretation einer Kurzgeschichte folgendermaßen ankündigt:

Jetzt kommt etwas sehr Schwieriges, ich versuche, dieses Kapitel so kurz wie möglich zu

halten, denn es ist außerdem nicht besonders spannend.

Glauben Sie, dass das motivierend für Schüler ist? Zuerst signalisieren Sie ihren Schülern, dass Sie sie für zu blöd halten, eine Kurzgeschichte zu interpretieren und dann, dass sie sich in den nächsten Stunden zu Tode langweilen werden. Wenn Ihre Schüler dann im Unterricht tatsächlich einschlafen, dürfen Sie sich nicht wundern.

Ich weiß, dass ihr jetzt keine Lust dazu habt, aber da müsst ihr durch.

Das ist auch so ein netter Satz, bei dem man sich fragt, wer wohl keine Lust hat, die Schüler oder der Lehrer.

Augen zu und durch.

Hört sich an, als wollte man die Schüler auf eine 20 Kilometer lange Nachtwanderung mit 30 Kilogramm Marschgepäck schicken.

Das alles wirkt natürlich außerordentlich demotivierend auf Schüler. Stattdessen sollten Sie sich überlegen, was Schüler wirklich wollen und das ansprechen. Einige Beispiele:

Das wird euch Spaß machen (Bedürfnis nach Kommunikation).

Jetzt lernt ihr etwas, was nicht jeder kann (Bedürfnis nach Anerkennung und Einzigartigkeit).

Wenn ihr das könnt, seid ihr immer auf der sicheren Seite. (Bedürfnis nach Sicherheit).

32.

„Was Sie uns gestern erzählt haben, ist ja alles wirklich wunderbar und hört sich auch echt überzeugend an, aber irgendwo hinkt die ganze Sache mit dem Lehrer als Verkäufer des Wissens doch", meldete sich am nächsten Morgen nach einem opulenten Frühstück Dezernent Zweifel im Seminarraum zu Worte. Er hatte die halbe Nacht wachgelegen und etwas war ihm nicht aus dem Kopf gegangen, was er dem Trainer jetzt auch sofort mitteilen wollte. „Gute Verkäufer werden doch außerordentlich gut bezahlt, meistens erhalten sie ja auch eine erfolgsabhängige Provision, die sie zusätzlich motiviert. Aber wie wird es mit den zukünftigen Verkäufern des Wissens sein? Woher sollen diese denn ihre Motivation beziehen?"

„Aber das ist doch auch bei den Lehrern schon in Planung", warf nun Dezernentin Siebenschön in die Runde „nur heißt das bei den Lehrern nicht *Provision* sondern *leistungsgerechte Bezahlung*. Und im Moment weiß noch keiner so genau, wie denn die Leistung objektiv gemessen werden könnte. Leistet der Lehrer besonders viel, der möglichst viele Schüler in die Schule bekommt oder leistet der besonders viel, dessen Schüler die besten Ergebnisse erzielen?"

„Das eine schließt das andere ja wohl hoffentlich nicht aus", gab Dezernent Sorge zu bedenken. "Es muss den Lehrern gelingen, ihre Schüler wieder an die Schule zu binden und dafür zu sorgen, dass ihnen Unterricht und Lernen wieder Spaß macht und sie gute Abschlüsse erzielen. Meinetwegen auch durch Manipulation, und rhetorische Tricks, Hauptsache, es funktioniert."

"Nur ein Lehrer, der erreicht, dass seine Schüler sich aus dem Durchschnitt herausheben und gute

Noten bekommen, ist sein Geld auch wirklich wert. Alle anderen werden mit erheblichen Gehaltseinbußen zu rechnen haben" so Dezernent Weitblick."

„Mit noch weniger Gehalt werden die Lehrer aber kaum noch leben können. Ich denke dabei besonders an die angestellten Lehrer, deren Bezüge nun wirklich alles andere als üppig sind", sagte Dezernent Zweifel. "Und meine größte Sorge ist, dass dann das Phänomen, das wir heute an den Grundschulen haben, nämlich ein fast ausschließlich weibliches Kollegium, auch auf das Gymnasium übergreifen könnte, denn seien wir doch mal ehrlich, welcher Mann ist denn bereit, für so wenig Geld zu arbeiten?" So etwas können sich doch wirklich nur Frauen leisten, die einen Haupternährer zu Hause haben und die sich an der Grundschule ein bisschen selbst verwirklichen wollen. Die einzigen Männer, die man an den Grundschulen findet, sind die Schulleiter."

"Das könnte in der Tat ein Problem werden", erwiderte Dezernent Weitblick", aber solange die Zahl der Arbeitslosen noch bei rund vier Millionen liegt, brauchen wir uns, glaube ich, noch keine Sorgen zu machen, denn Lehrer sind ängstliche Menschen, die ein übergroßes Sicherheitsbedürfnis haben. Das Risiko, sich in der freien Wirtschaft der Gefahr der Arbeitslosigkeit auszusetzen, werden sie nicht eingehen."

„Wir müssen in Zukunft eben großzügiger mit der Erteilung einer Nebentätigkeitserlaubnis sein, damit die Lehrer sich an den Abenden und an den Wochenenden noch etwas dazu verdienen können. Andere Leute machen das ja schließlich auch. Wenn ich bedenke, in wie vielen Vorständen Minister Nimmersatt mit seinen 71 Jahren immer noch hockt, gegen Bezahlung, versteht sich. So ein fleißiger Mann, wie der das bloß alles schafft? Da sieht man auch mal wieder, dass das Gerede, die Rente mit 67 sei nicht machbar, dummes Geschwätz ist. Aber jetzt habe ich mich hinreißen lassen und bin vom Thema abgekommen", schämte sich Schulleiter Gernegroß.

"Es muss ein Ruck durch die Schule gehen und alle müssen sich daran beteiligen. Für Faulenzer ist dort kein Platz mehr, das sind wir unseren Kindern schuldig" sprach enthusiastisch Dezernentin Siebenschön, die selbst keine Kinder hatte. Sie hatte sich schon so manches Mal den Vorwurf anhören müssen, sie sei karrieregeil und habe deshalb keine Kinder. Obwohl ihr Mann eine Professur an der Uni hatte, sagte man ihm nach, er würde unter ihrem Pantoffel stehen. Dezernentin Siebenschön wurde nicht gerne auf ihre Kinderlosigkeit angesprochen, sie reagierte dann immer sehr verlegen und meinte entschuldigend, es hätte sich eben nicht ergeben. Seltsamerweise war Kinderlosigkeit bei den männlichen Dezernenten kein Thema. Einer von ihnen hatte zwei Kinder adoptiert, aber keine eigenen, und keiner fragte nach dem Grund, und einer war wohl aufgrund seiner Homosexualität kinderlos, darüber schien sich aber weiter niemand aufzuregen. Nur die Kinderlosigkeit von Frauen war nach wie vor verdächtig.

"Wir sollten uns darüber im Klaren sein" rief Dezernent Zweimalklug jetzt seine enthusiastischen Kollegen und Kolleginnen wieder zur Ordnung,

"dass wir für den Erfolg der Mission "Der Schüler als Kunde" verantwortlich sind. Wir müssen die Umsetzung in die Wege leiten. Wenn das nicht klappen sollte und die nächsten Ergebnisse bei PISA wieder so schlecht sind, wird das auf uns zurückfallen. Und ich habe ehrlich gesagt noch einige Fragen."

"Na dann, mal los, fragen Sie, fragen Sie", ermunterte ihn der Verkaufstrainer.

<u>33.</u>

Was mache ich in Zukunft mit Störungen im Unterricht, denn ich kann einen Kunden und damit einen König ja nicht einfach aus dem Unterricht schmeißen?"

Eine gute Frage", lobte der Verkaufstrainer. Aber bevor wir uns diesem wirklich wichtigen Punkt zuwenden, möchte ich Ihnen noch eine weitere Verkaufstechnik vorstellen, die Sie auch gut im Unterricht einsetzen können. Man nennt diese Technik auch "Zukunftsweisende Technik". Sie ist besonders beliebt bei den Kollegen aus der

Versicherungsbranche. Diese verkaufen ihren Kunden Sicherheit in der Zukunft, was ja, genau genommen, Quatsch ist, denn wer weiß schon, was die Zukunft für ihn bereit hält? Aber sie bedienen sich eines kleinen Tricks. Sie verweisen sozusagen auf die Zukunft und drängen auf das Jetzt. Mit anderen Worten, sie malen die Zukunft des potentiellen Versicherungsnehmers entweder in ganz rosigen oder in rabenschwarzen Farben. Beim Abschluss einer Risikolebensversicherung bieten sich im Vorfeld eher die rabenschwarzen Farben an, beim Abschluss einer Kapitallebensversicherung eher die rosigen. Eine Risikolebensversicherung schließen die Leute ab, um das Schlimmste zu verhindern, eine Kapitallebensversicherung, um in absehbarer Zukunft einen Batzen Geld zu haben. Machen Sie, oder besser Ihre Kollegen, es in Zukunft genau so bei den Schülern. Verweisen Sie diese auf die Zukunft und drängen Sie darauf, dass sie sich das notwendige Wissen für Ihre Pläne jetzt, in Ihrem

Unterricht, holen."

"Donnerwetter", staunte Schulleiter Gernegroß, "was es nicht alles so gibt."

"Aber bevor wir so etwas weitergeben können, müssen wir das Ganze doch erst einmal geübt haben, das geht doch nicht so mir nichts dir nichts", warf jetzt Dezernentin Immergut ein.

"In diesem Zusammenhang verweise ich immer wieder gerne auf meine Folgeseminare, denn jetzt bleibt uns dafür wirklich keine Zeit mehr", lächelte der Verkaufstrainer. Aber kommen wir nun zu den Störungen.

34.

Gestatten Sie mir dazu   einige grundsätzliche Vorbemerkungen", so der Verkaufstrainer. "Warum kauft ein Kunde in einem bestimmten Laden ein?" Alleine am Sortiment kann es nicht liegen, denn das gibt es so oder ähnlich auch woanders. Wahrscheinlich mag er die freundliche Bedienung, die Zuwendung, die ihm entgegengebracht wird, usw.. Und warum gehen Schüler wohl in die Schule, wenn sie denn gehen? Sie wollen ihre Kumpels und Freundinnen treffen und dadurch ihr Bedürfnis nach

Kommunikation befriedigen. Außerdem suchen sie die Anerkennung ihrer Klassenkameraden und Freunde. Manchmal bekommen sie diese Anerkennung, indem sie den Lehrer ärgern oder sich besonders schlimm daneben nehmen. Häufig suchen sie damit aber auch die Zuwendung des Lehrers, denn wenn sie von diesem keine positive Zuwendung bekommen, dann nehmen sie eben die negative, denn alles ist besser, als nicht beachtet zu werden. So sind wir Menschen nun mal gestrickt. Unterricht interessiert die Schüler eigentlich immer nur am Rande oder überhaupt nicht. Das müssen Sie wissen, meine Damen und Herren, wenn Sie Ihre Schüler optimal motivieren wollen. Stellen Sie ihnen kleine Belohnungen in Aussicht, wenn sie in einer Stunde besonders gut mitarbeiten und vergessen Sie niemals Ihre Schüler zu loben, wenn sie es verdient haben. Wir alle neigen nämlich dazu, mehr Tadel als Lob zu verteilen, aber nur mit Lob erreicht man wirklich was. Aber das hatten wir ja bereits.

Und ganz wichtig: Ein Kunde, der sich nicht ernst genommen oder gut behandelt fühlt, wird möglicherweise im Laden anfangen rumzustänkern. Das lenkt natürlich die Aufmerksamkeit der anderen Kunden auf den Vorfall und der Verkäufer läuft Gefahr, dass sich diese auf dessen Seite schlagen. Möglicherweise verliert er dadurch nicht nur den einen Kunden, sondern auch gleichzeitig noch die anderen. Und erst die negative Mundpropaganda! Positive Mundpropaganda ist mit Geld nicht zu bezahlen. Negative Mundpropaganda kann für ein Geschäft tödlich sein. Und bei Ihren Schülern ist es ganz genauso. Ein Schüler, der sich nicht ernst genommen fühlt, wird ebenfalls rumstänkern und den ein oder anderen Klassenkameraden auf seine Seite ziehen. Und wenn Sie Pech haben, ist damit bereits die ganze Stunde gelaufen und Sie werden keine Ruhe mehr in die Klasse bekommen. Und auch bei den Schülern gibt es so etwas wie Mundpropaganda. Die tauschen sich auf dem Schulhof aus über ihre Lehrer, denn das interessiert sie wirklich. Und mittlerweile, wie Sie alle wissen, reicht ihnen dafür der Schulhof nicht mehr aus, nein, sie benutzen ein sehr viel größeres Forum, das Internet. Daran können Sie aber auch erkennen, welchen Stellenwert der Lehrer für die Schüler hat. Wie wichtig er ihm eigentlich ist. Und wie sehr er sich in aller Regel auch danach sehnt, gut von diesem behandelt zu werden. Wir alle wollen ja gut von unseren Mitmenschen behandelt werden und wenn wir uns herabgesetzt fühlen, werden wir aggressiv, und genau so geht es Ihren Schülern. Die bilden da natürlich keine Ausnahme. Eine positive Mundpropaganda erleichtert einem Lehrer die Arbeit ganz ungemein, aber eine negative Mundpropaganda wirkt sich ähnlich aus wie im Verkauf. Die Schüler begegnen dem Lehrer mit Misstrauen, und da sie ja nicht, wie ein Kunde es macht, den Lehrer meiden können, werden sie versuchen ihn fertig zu machen nach dem Motto: "Angriff ist die beste Verteidigung. Und so gerät der Lehrer in den ewigen Kreislauf von Aktion und

Reaktion und bekommt, wie man so schön sagt, in der Klasse kein Bein mehr auf den Boden.

"Eigentlich kennen Sie sich erstaunlich gut aus mit den Problemen, die einem Lehrer tagtäglich begegnen", fiel auf einmal Dezernent Zweimalklug auf. "Woher kommt das? Ist Ihre Frau vielleicht auch Lehrerin?"

"Ja, so ähnlich" wich der Verkaufstrainer aus. Es musste ja schließlich nicht jeder wissen, dass auch er mal vor langer, langer Zeit an der Unterrichtsfront gestanden und versucht hatte, Schülern mit unterschiedlichsten Begabungen etwas beizubringen. Glücklicherweise war er auf die Idee gekommen, Verkaufstrainer zu werden, denn damit ließ sich einfach viel mehr Geld verdienen und es war auch wesentlich stressfreier. Lehrer mussten schon besondere Menschen sein, selbstlos und ohne große Ansprüche.

Und das traf auf ihn absolut nicht zu.

„Kommen wir nun noch zu einigen konkreten Techniken, die flott zu lernen und auch gut umzusetzen sind", sagte er schnell, um sich vor weiteren Nachfragen zu schützen. „Wenn Sie diese Techniken beherrschen, fällt es auch leichter, mit Störungen im Unterricht adäquat umzugehen.

35.

Stellen Sie sich einmal folgende Situation vor. Ein Schüler sagt zu Ihnen: "Das ist ja alles ganz anders, als Sie das hier beschreiben."

Sie reagieren mit: "Wollen Sie damit sagen, dass ich keine Ahnung habe?"

Der Schüler antwortet mit :"Genau!"

Wie geht es dann weiter? Sie haben sich selbst ins Abseits katapultiert.

"Den würde ich sofort rausschmeißen", reagierte Schulmeister Scherzlein.

"Aber das geht ja jetzt nicht mehr, wo der Schüler Kunde ist", belehrte ihn Dezernentin Schlau.

"Ach ja, das hätte ich fast vergessen", gab Schulleiter Scherzlein kleinlaut zu.

"Aber was hätten Sie mit einem Rausschmiss erreicht?", insistierte der Verkaufstrainer.

"Ich hätte deutlich gemacht, dass ich mir das nicht gefallen lasse", so Schulleiter Scherzlein.

"Sie hätten Ihre Macht eingesetzt, aber ob das in diesem Fall so klug gewesen wäre?"

"Was hätten Sie denn gemacht?", fragte jetzt neugierig Schulleiter Gernegroß.

"Ich", so der Verkaufstrainer "hätte folgendermaßen weitergefragt: ´Interessant, wie kommen Sie zu dieser Auffassung?´ Denn dann hätte der Schüler den schwierigen Part gehabt, seinen Einwand ausführlich erläutern zu müssen. Denn meistens dienen solche Einwände nur dem einen Zweck, nämlich den Lehrer zu ärgern oder sich selbst interessant zu machen.

In Verkaufstrainingsseminaren spricht man bei solchen Typen auch von Mäusemelkern. Die wollen immer alles ganz genau und exakt haben. Jede Abweichung quittieren sie mit Kommentaren. Außerdem wollen sie sich vor der Klasse profilieren. Und diese Möglichkeit nehmen Sie ihnen, indem Sie nachfragen. Sollte sich der Einwand des Schülers als berechtigt herausstellen, dann können Sie ihn ja positiv verstärken, sollte es nicht so sein, hat er sich vor der Klasse blamiert und Sie brauchen weiter nichts zu tun. Ausführliches Üben dieser Methode biete ich in einem meiner Folgeseminare an. Manchmal kommen auch völlig unangemessene Kommentare wie: ´Das ist doch alles Mist, was Sie erzählen´ oder ´Sie können einfach nicht gut erklären´.

Wenn Sie jetzt versuchen, sachlich auf so einen Einwand zu reagieren, werden Sie wahrscheinlich nichts bei Ihrem Schüler erreichen. Stattdessen sollten Sie sich fragen, was sich dahinter verbergen könnte. In aller Regel ist der Schüler frustriert, weil er etwas nicht verstanden hat. Diese Frustration überträgt er auf Sie, sein Gefühlspegel steigt an und er wird unsachlich. Der Schüler hat im übertragenen Sinne Fieber. Und Sie müssen das Fieber zum Sinken bringen und das schaffen Sie nicht durch sachliches Argumentieren.”

„Aber wie bringe ich denn seine Temperatur zum Sinken?“, fragte ziemlich ratlos Dezernentin Schlau.

 “Indem Sie sein Gefühl ansprechen mit:

´Sie sind sauer.´

´Sie sind verärgert.´

´Sie sind unzufrieden.´

´Das gefällt Ihnen nicht.´

Wenn sein Zustand sich wieder normalisiert hat, formulieren Sie das Problem und ermuntern Sie Ihr Gegenüber, in diesem Fall den Schüler, konkret zu erläutern, was er nicht verstanden hat oder Lösungsvorschläge für sein Problem zu formuieren.“

„Das hört sich vernünftig an“, gab Dezernentin Schlau zu.

„Eine letzte Technik, mit Einwänden angemessen umzugehen, wäre noch die so genannte ´**Ja-Aber-Methode**´, auch ´**Bumerang-Technik**´ genannt. Nur damit hätte ich in meinem ersten Beispiel keinen Erfolg gehabt“, fuhr der Verkaufstrainer fort. „Denn bei dieser Methode signalisiere ich zuerst Zustimmung, aber dann widerlege ich das Gesagte. Der vom Schüler gebrachte Einwand kehrt sozusagen als Bumerang zu ihm zurück. Sagt ein Schüler beispielsweise: ´Ihr Unterricht ist Mist´, und ich antworte: ´Da haben Sie

Recht, aber....´ mache ich mich natürlich lächerlich. Aber bei anderen Einwänden funktioniert diese Methode sehr gut. Kritisiert ein Schüler beispielsweise: ´Das ist doch alles graue Theorie´ kontern Sie mit der "Ja-Aber-Methode´, indem Sie sagen: ´Da haben Sie natürlich Recht, aber Theorie ist vorweggenommene Praxis. Und Praxis ist Ihnen doch wichtig, nicht wahr?´

"Interessant", sagte Schulleiter Bläm, was man mit so kleinen rhetorischen Tricks alles bewirken kann.

"Aber bis wir das mal alles beherrschen, wird noch viel Wasser den Rhein runter fließen", so Schulleiter Sorge.

"Aber das war ja auch schon im Vorfeld klar", äußerte der Verkaufstrainer. So ein Paradigmenwechsel kann schließlich nicht in wenigen Tagen über die Bühne gehen. Gut Ding will eben Weile haben.

36.

Aber manchmal reichen alle rhetorischen Finessen und Motivationstricks nicht aus, das muss man ehrlich zugeben", so der Trainer. "Manche Schüler- und Lehrertypen sind einfach nicht kompatibel."

"Und was kann man da machen?", fragte neugierig Dezernent Sorge.

"Bisher nicht viel", so der Verkaufstrainer. "Denn da der Schüler sich seine Lehrer nicht aussuchen darf und der Lehrer sich natürlich ebenso wenig seine Schüler, stecken beide in einem Dilemma, wenn sie nicht kompatibel sind. Das wiederum unterscheidet den Schüler von einem Kunden, der sich problemlos den Verkäufer oder auch das Geschäft, in dem er einkauft, aussuchen kann. Noch besteht dieses Dilemma, noch, möchte ich sagen."

"Was meinen Sie mit *noch*?", fragte jetzt interessiert Dezernent Zeifel.

Überlegen Sie einmal", so der Trainer, ob es nicht möglich wäre, so etwas wie Wahlfreiheit bei der Auswahl der Schule einzuführen.

"Aber das gibt es doch schon, sogar die Grundschulbezirke sind ja jetzt in NRW aufgehoben und die Eltern können sich die Schule aussuchen, zu der sie ihr Kind schicken wollen. Und bei den weiterführenden Schulen geht das ja schon lange", kam jetzt von Schulleiter Gernegroß, der sich bisher immer ziemlich zurückgehalten hatte. Die anderen nickten zustimmend.

"Aber was ist denn, wenn der Schüler erst später merkt, wenn er mit einem Lehrer nicht kompatibel ist? Vorher kann er es ja eigentlich gar nicht wissen. Kann er dann so ohne weiteres die Klasse wechseln?" Die anderen schüttelten die Köpfe.

"Kann er dann die Schule wechseln?" "Dürfte schwierig werden, unter Umständen ginge das aber", so Schulleiter Gernegroß. .

"Und wenn er dann wieder auf einen Lehrer träfe, mit dem er nicht klar käme?" "Dann hätte er eben Pech gehabt, dann stimmt was nicht mit ihm", so Dezernent Sorge.

"Worauf wollen Sie eigentlich hinaus" fragte jetzt

Dezernent Zweimalklug, "Sie haben doch etwas in der Hinterhand?"

"So ist es", lächelte der Verkaufstrainer und offenbarte seine erstaunliche Idee.

"Was halten Sie davon, eine vollständige Wahlfreiheit im Schulsystem einzuführen. Der Schüler entscheidet sich jeden Morgen neu, in welche Schule er an diesem Tag gehen möchte und sucht sich dann dort die entsprechende Klasse aus. Sicher wäre es ein ständiges Kommen und Gehen, aber das würde den Unterricht für die Schüler auch wieder interessanter machen. Und für die Lehrer wäre es eine wichtige Herausforderung. Die Lehrer, die zum Abschluss des Schuljahres die meisten Stammschüler hätten, würden eine Leistungszulage bekommen, damit hätte man das Problem der leistungsgerechten Bezahlung auch gleich mit gelöst.

Das würde natürlich ein sehr geschlossenes Curriculum voraussetzen, damit an allen Schulen zur selben Zeit auch dasselbe gelehrt würde.

Außerdem müsste man an allen Schulen mit den gleichen Lehrbüchern arbeiten. Aber mit etwas organisatorischem Aufwand ließe sich das bestimmt bewerkstelligen, und wie ich die aktuellen Verlautbarungen des Bundesbildungsministeriums verstanden habe, wäre das ganz in dessen Sinn. Das wäre wirkliche Kundenorientierung."

"Na, herzlichen Glückwunsch", dachten die Mitglieder des Planungsstabes. "Das kann ja heiter werden. Ob der wohl noch mehr solch unmöglicher Ideen auf Lager hat?" Aber sie hielten sich mit Kommentaren tunlichst zurück.

"Wir werden es der Kultusministerkonferenz mal vorschlagen", sagte schnell Dezernent Zweifel, um weitere Nachfragen des Verkaufstrainers im Keim zu ersticken.

37.

Der vorletzte Tag war angebrochen und die Mitglieder des Entwicklungsstabes und der Verkaufstrainer hatten zum vorletzten Mal das üppige Frühstück im Tagungshotel genossen. Eine leichte Melancholie verbreitete sich, als sie alle wieder im Seminarraum saßen und auf das Erscheinen des Trainers warteten. Sie waren gespannt, mit welchen Vorschlägen er heute herausrücken würde, denn der Vorschlag vom Vortag steckte noch allen in den Knochen. Da konnte man doch einmal sehen, dass der Mann wirklich keine Ahnug vom Schulbetrieb hatte. Wie sollte man bei so einem Modell die Fehlzeiten der Schüler korrekt erfassen? Man konnte ja gar nicht wissen, welcher Schüler fehlen würde, wenn er sich jeden Tag eine neue Schule aussuchte. Ob man einen Datenabgleich am Ende des Schuljahres machen könnte? Wenn man alle Anwesenheitsdaten zentral erfassen würde, müsste das doch eigentlich möglich sein. Aber die Forderung, alle Schüler mit Namen anzusprechen, ließe sich so auf gar keinen Fall durchsetzen.

Denn bei diesem Modell würden völlig unbekannte Schüler am Unterricht teilnehmen.

Und erst die Notengebung. Wie sollte das gehen?

Nun ja, man könnte zum Ende eines jeden Schulhalbjahres die Leistungen überprüfen. Das würde bedeuten, dass es im laufenden Halbjahr keine Klassenarbeiten mehr gäbe. Das könnte besonders die Korrekturfachlehrer erheblich entlasten.

Während die Mitglieder des Planungsstabes ihre Gedanken austauschten erkannten sie, dass die Idee des Trainers vielleicht gar nicht so dumm gewesen war, wie sie auf den ersten Blick vermutet hatten.

Bevor sie sich noch weiter mit der Umsetzung der Idee beschäftigen konnten, war der Trainer lächelnd im Seminarraum erschienen und hatte sich für die kleine Verspätung entschuldigt.

„Lassen Sie uns nun keine Zeit mehr verlieren, denn es ist unser vorletzter Tag, wie Sie alle wissen. Sie erinnern sich vielleicht noch an unsere Ausgangshypothese, die alte Volksweisheit *´Es singt der Vogel und nicht der Käfig?´*", begann er seinen Vortrag. „Aber auch der Vogel mit der schönsten Stimme macht wenig her, wenn sein Gefieder grau und matt ist. In dieser Hinsicht können auch Lehrer noch viel lernen. Man erwartet von einem grauen Vogel erst gar nicht, dass er schön singen kann, und wenn er es dann wider Erwarten doch tut, ist man entweder erstaunt oder man nimmt es gar nicht richtig wahr. Der schöne Gesang eines äußerlich eher unattraktiven Vogels vermag den Menschen nicht so zu überzeugen wie der Gesang eines Vogels mit einem schönen

Gefieder.

Analog dazu sagt eine alte Verkaufsweisheit: *´Verkleide dich, denn dann kannst du mit weniger Aufwand mehr erreichen.´* Wir alle sind nun einmal von Klischees beherrscht und seien wir mal ehrlich: Würden Sie beispielsweise einem Mann mit ungewaschenen langen Haaren, der in alter, abgetragener Kleidung daherkommt und obendrein noch einen Vollbart wie Karl Marx hat, Ihr gesamtes Erspartes anvertrauen? Wahrscheinlich nicht, es sei denn, Sie sind überzeugter Kommunist."

"Kommunist, das wäre ja noch schöner", gruselte sich Dezernent Bläm.

"Daran", fuhr der Verkaufstrainer fort, " müssen sich natürlich auch Ihre Lehrer messen lassen. Oder, bildlich gesprochen, je schöner das Gefieder eines Lehrers oder einer Lehrerin, desto überzeugender sein oder ihr Gesang. Und glauben Sie mir, meine Damen und Herren, den Schülern ist es alles andere als egal, wie ihre Lehrer aussehen. Ja, die Schüler beschäftigen sich wahrscheinlich während des gesamten Unterrichts mehr mit dem Aussehen ihres Lehrers als mit dem eigentlichen Unterrichtsstoff, auch wenn Sie das jetzt nicht gerne hören. Ich möchte Sie in diesem Zusammenhang darauf hinweisen, dass unlängst das Oberlandesgericht Köln festgestellt hat, dass Schüler ihre Lehrer öffentlich in Internet-Foren beurteilen dürfen unter Angabe des vollen Namens, der Fächerkombination und der Schule des Lehrers, sogar die Kategorie „sexy" war erlaubt. Mittlerweile haben die Betreiber der Seite diese Kategorie durch „vorzügliches Auftreten" oder so ersetzt, aber ich denke doch, dass solche Kategorien etwas über die Schüler aussagen. Denen entgeht nämlich wirklich nichts. Und auch die äußerliche Attraktivität der Lehrer scheint für Schüler sehr wichitg zu sein.

"Hat ein Oberlandesgericht denn nichts besseres zu tun, als sich mit so einem Blödsinn zu beschäftigen", unterbrach Dezernent Sorge die Ausführungen des Trainers.

"Hätte es vermutlich schon", so der Verkaufstrainer.

"Aber eine Lehrerin hatte gegen ihre schlechte Bewertung auf der Webside "Spickmich" geklagt, auch weil sie in der Kategorie „sexy" so schlecht abgeschnitten hatte. Deshalb war das Gericht gezwungen, sich mit diesem Fall zu beschäftigen. Es sah diese Bewertung allerdings durch das Recht auf Meinungsfreiheit gedeckt. Ärgerlich für die Lehrer, dass es nicht auch umgekehrt geht, das sehe ich ein, aber diese müssen ihren Schülern gegenüber ja neutral bleiben, und wenn sie einen Schüler als „unsexy" beurteilen würden, ließe das ganz sicher auf eine gewisse Voreingenommenheit schließen. Und das geht natürlich nicht. Denn wo kämen wir hin, wenn Lehrer ihren Schülern gegenüber Vorurteile hätten? Aber worauf ich hinaus möchte: Lehrer sollten sich so kleiden, dass sie möglichst attraktiv auf ihre Schüler wirken. Gleichzeitig sollte ihre Kleidung eine gewissen Kompetenz ausstrahlen und zu ihrem Fach passen. Das bedeutet natürlich, dass sich ein Mathematiklehrer anders kleiden sollte als ein

Kunstlehrer. Im Verkauf und im täglichen Leben ist es übrigens genauso. Von einer Kosmetikfachverkäuferin erwarte man eine andere Bekleidung als von einer Fleischfachverkäuferin. Bei der Fleischfachverkäuferin wären lange rote Fingernägel und ein voller roter Mund dann doch eher fehl am Platze. Oder stellen Sie sich einen Arzt vor, der Sie im Blaumann begrüßen würde.

Hätten Sie zu so einem Arzt Vertrauen? Und ebenso geht es natürlich den Schülern mit ihren Lehrern. Schwierig, das gebe ich gerne zu, wird es für den Mathematiklehrer allerdings, wenn er ebenfalls Kunstlehrer ist, denn Lehrer studieren ja in aller Regel zwei Fächer. Da ist er natürlich stark auf die Mithilfe des Schulleiters angewiesen. Entweder richtet dieser den Stundenplan so ein, dass der Mathematik- und Kunstunterricht immer an verschiedenen Tagen stattfindet, oder es sollte immer eine Pause von mindestens 10 Minuten zwischen den einzelnen Unterrichtsstunden liegen, damit dem Lehrer genug Zeit bleibt, sich zwischendurch umzuziehen.

Abgesehen von der passenden Kleidung wäre es natürlich ideal, wenn Lehrer und selbstverständlich auch Lehrerinnen mehr auf ihre Figur achten würden. Ein BMI von 19 -20 für Frauen und von 23 - 25 für Männer sollte eigentlich schon drin sein. Und das bei einer Mindestgröße von 1,90 cm bei Männern und bei Frauen von 1,75 cm. Das würde die Attraktivitätsnoten auf der Webside "Spickmich" auch erheblich steigern, falls sie denn wieder eingeführt werden sollten. Und in der heutigen Zeit muss kein Lehrer und auch keine Lehrerin mehr abstehende Ohren, schiefe Zähne, zu schmale Lippen oder eine zu lange Nase haben. Das lässt sich heutzutage alles wunderbar korrigieren. Einmal nicht in den Sommerferien abhängen in Neuseeland, stattdessen einen Besuch auf der Schönheitsfarm oder beim Schönheitschirurgen einplanen und so manches Problem würde in der Schule gar nicht erst auftauchen. Im Umgang mit ihren Schülern würde ich den Lehrern raten sich zu bemühen, jeden Schüler, aber auch wirklich jeden, sympathisch zu finden. Am besten sagt er es sich jeden Morgen, bevor er vor die Klasse tritt, wie ein Mantra fünfzig Mal:

"Ich finde jeden Schüler außerordentlich sympathisch!" Das wirkt Wunder.

Das machen Verkäufer übrigens auch. Eine alte Regel im Verkauf lautet: "Ich bemühe mich, jeden Kunden sympathisch zu finden."

"Das hat aber schon sehr viel mit Gehirnwäsche zu tun, was sie uns da vorschlagen? fragte jetzt zweifelnd Dezernentin Immergut.

„Sie merken aber auch alles", grinste der Trainer.

Aber wie sollen wir das bloß an die Lehrer weitergeben? Das machen die doch nie?" klagte jetzt auch Dezernentin Siebenschön.

38.

Da gibt es genau drei Möglichkeiten", so der Verkaufstrainer.

Die erste Möglichkeit wäre, Sie leisten Überzeugungsarbeit. Das ist natürlich der schwierigste Weg. Und es gibt natürlich immer wieder Leute, die sich aus Prinzip nicht überzeugen lassen wollen und gerne aus dem Rahmen fallen. Sie werden es auf Schulfeiern bestimmt schon festgestellt haben. Obwohl der Schulleiter ausdrücklich darauf hingewiesen hat, dass die Damen in langer Abendgarderobe und die Herren im Frack zu erscheinen haben, halten sich nicht alle daran."

"Na ja, Frack und lange Abendgarderobe, ich wäre schon froh, wenn manche Herren in Stoffhosen statt in Jeans erscheinen würden und die Damen im Rock statt in einer Hose" stimmte Schulleiter Weitblick kleinlaut zu.

"Es gibt aber auch für Damen sehr festliche und stilvolle Hosenanzüge, die sich ausgezeichnet für solche Anlässe eignen" bemerkte Dezernentin Schlau, die selbst nur Hosen trug. "Wir wollen uns doch jetzt nicht mit solchen Kleinigkeiten aufhalten, ich glaube, jeder weiß, was gemeint ist" meldete sich jetzt auch Dezernent Zweimalklug zu Wort. "Bitte fahren Sie fort", wandte er sich an den Verkaufstrainer. "Die zweite Möglichkeit wäre die dienstliche Anordnung. Einer dienstlichen Anordnung ist, wie Sie alle wissen, Folge zu leisten. Die Schulaufsicht kann die Sache noch unterstützen, indem sie per Dekret eine verbindliche Kleiderordnung für Lehrer und Lehrerinnen festlegt. Mit einer entsprechend guten Argumentation für diese Vorgehensweise dürfte es auch den chronischen Quertreibern innerhalb des Kollegiums, die natürlich eine Klage dagegen anstrengen werden, schwerfallen, vor Gericht Recht zu bekommen. Die letzte Möglichkeit schließlich wäre die Einführung einer verbindlichen Dienstkleidung für alle Lehrer und Lehrerinnen. Die einzelnen Fächer müssten natürlich, wie ich bereits

ausführlich ausgeführt habe, bei der Kleidung Berücksichtigung finden. Das wäre wahrscheinlich die sauberste Lösung. Im Verkauf gibt es das übrigens schon sehr lange. Viele Filialketten haben eine bestimmte Dienstkleidung für ihre Mitarbeiter vorgeschrieben. Das führt auch zu einer großen Identifikation mit dem Unternehmen und das kann für Lehrer und   Lehrerinnen ja auch nicht schlecht sein. Außerdem, bei der Polizei, und das sind ja schließlich auch Beamte, gibt es das auch schon lange. Und selbst das Pflegepersonal im Krankenhaus trägt Dienstkleidung. Das hätte auch den Vorteil, dass Schüler sich zumindest nicht mehr über die Kleidung von Lehrern und Lehrerinnen während des Unterrichts Gedanken machen müssten, denn das tun sie, meine Damen und Herren, darauf können Sie wetten! Und das lenkt sie natürlich gehörig ab. "Hmm, Schuluniformen einmal anders rum. Das ist ja mal ein vollkommen neuer Vorschlag. Aber warum eigentlich nicht, ich finde die Idee gar nicht so übel", bemerkte Dezernent Bläm.

"Das ist ja mal ganz was Neues, dass Sie Uniformen gut finden", frotzelte Dezernentin Siebenschön und Dezernent Sorge ergänzte: "Am besten noch in braun, wie?"

Erstaunlicherweise reagierte Dezernent Bläm nicht auf diese Anzüglichkeiten sondern blieb ganz gelassen. "Was meinen denn die anderen?", wandte er sich an die gesamte Runde. "Na ja ", begann Dezernent Zweimalklug "es bliebe natürlich die komplette Individualität des Lehrers dabei auf der Strecke. Aber ich sehe auch, dass es dann zumindest bei den Schülern keine unnötigen

Ablenkungen mehr gäbe. Und einige Kollegen und - verzeihen Sie meine Damen - aber auch einige Kolleginnen, haben schon einen recht merkwürdigen Geschmack. Als ob sie die gute alte Hippie-Zeit wieder auferstehen lassen wollten. Von anderen Auswüchsen mal ganz zu schweigen. Dezernentin Schlau merkte an, dass es aber unbedingt für Lehrerinnen möglich sein müsse,

Hosen zu tragen und kein allgemeines Rocktragegebot erlassen würde.

"Einem allgemeinen Rocktragegebot würde ich mich auch verschließen", grinste Schulleiter Scherzlein, "denn Röcke stehen mir einfach nicht. Obwohl sonst immer alles steht. Also ich finde die Idee ganz hervorragend."

Auch alle anderen stimmten zu und so war es beschlossene Sache, diese Angelegenheit an die verschiedenen Bezirksregierungen weiterzuleiten, damit die Umsetzung in die Wege geleitet werden konnte.Damit wollte man sich, was das Äußere von Lehrern und Lehrerinnen betraf, auch erst einmal zufrieden geben, denn man sah ein, dass man die Körpergröße der bereits im Schuldienst befindlichlichen Lehrer im Nachhinein nicht mehr beeinflussen konnte. Bei Neueinstellungen könnten diese Punkte jedoch Berücksichtigung finden. Es war ja ohnehin geplant, einen Eignungstest mit zukünftigen Kandidaten und Kandidatinnen durchzuführen, und da konnte man ja Faktoren wie Körpergröße und Idealgewicht mit aufnehmen. Bisher bezog sich der Einstellungstest eher auf Charaktereigenschaften und Stressstabilität, aber wenn das Äußere eines Lehrers stimmte, würde sich der Stress ja ohnehin erheblich reduzieren, so hoffte man zumindest. Was andere körperliche Unzulänglichkeiten betraf, so wollte man sich bei diversen Schönheitschirurgen erst einmal Kostenvoranschläge einholen, bevor man den Kollegen und Kolleginnen eine Operation nahelegte. Vielleicht könnte man auch über Rabatte verhandeln, wenn die gesamte Lehrerschaft nach und nach bei ihnen vorstellig wurde, denn eigentlich gab es an jedem Lehrer und an jeder Lehrerin etwas auszusetzen. Lehrer waren bisher aus der Mitte der Gesellschaft gekommen und spiegelten diese einfach wider. Wer hätte vor 50 Jahren auch nur ansatzweise geahnt, wie wichtig das "Gefieder" eines Lehrers einmal sein würde?

<u>39.</u>

Zum Mantra war dem Entwicklungsstab noch Folgendes eingefallen:

Man könnte die Lehrer und Lehrerinnen verpflichten, in ihren Pausen in den Klassenräumen zu bleiben, wo dann über den Schullautsprecher fünfzig Mal "Jeder Schüler und jede Schülerin ist mir außerordentlich sympathisch" ausgestrahlt würde. Das dürfte auf Dauer seine Wirkung nicht verfehlen, da war sich der Entwicklungsstab sicher. Und wenn die Schüler erst einmal merken würden, wie sympathisch sie ihren Lehrern waren, würde sich die Situation möglicherweise noch weiter entspannen.

Sie hatten viel gelernt über das Verkaufen in dieser Zeit mit dem Verkaufstrainer. Mittlerweile glaubten sie an den Erfolg der Idee vom Schüler als Kunden. Ihr neues Wissen musste zwar noch strukturiert werden, aber sie fühlten sich ihrer Aufgabe als zukünftige Gesangslehrer schon recht gut gewachsen. Der Weg würde lang und steinig sein, aber wenn man alles beherzigte, was der Verkaufstrainer ihnen nahegebracht hatte, dann würde es klappen.

Der Verkaufstrainer hatte sich am letzten Tag nach dem Mittagessen, das mal wieder ganz ausgezeichnet geschmeckt hatte, mit warmen Worten von ihnen verabschiedet und seiner Hoffnung Ausdruck verliehen, sie möglicherweise bald zu einem Folgeseminar begrüßen zu dürfen. Dann hatte er ihnen noch einen Vierzeiler kopiert mit der Bemerkung, im Umgang mit dem Schüler stets diese Zeilen zu beherzigen.

Führe ihn Schritt für Schritt,

teile ihm alles mit,

lasse ihn selbst versuchen,

hilf ihm Erfolg zu verbuchen.

Neue Zeiten würden anbrechen, das spürten sie, und sie waren gespannt darauf, wie die nun zu trainierenden Lehrerinnen und Lehrer auf den Paradigmenwechsel reagieren würden.

Eines aber war sicher, das wussten sie:

Nur wer da selbst brennt, kann andere entzünden

(Augustinus)